세상에서 가장 따뜻한 이불

한국문인 출판부

세상에서 가장 따뜻한 이불

1판 1쇄 발행   2025년 3월 10일

지은이   신근효
발행인   강신옥
펴낸곳   한국문인출판부
　　　　등록 | 2021. 7 제2021-000235
　　　　02643 서울시 마포구 월드컵북로 235, 19-704
　　　　☎ 010-9585-7785
　　　　gtree313@gmail.com
　　　　Printed in Korea ⓒ 2025 신근효

값 17,000원

※ 잘못된 책은 바꿔 드립니다.
※ 저자와 협의하여 인지 생략합니다.

ISBN 979-11-987514-4-7

세상에서 가장 따뜻한 이불

신근효
수필집

감사하는 마음으로 이 글을 바칩니다

　교사였던 아버지를 따라 이사를 다니며 넓은 운동장과 관사에서 살았던 추억이 가득한 어린 시절을 그려봅니다.
　평소 고지식하던 난 방학 때만 되면 방학 숙제를 안 해가면 큰일 나는 줄로만 알고, 일기 쓰기를 빠뜨리지 않고 해갔던 일이 새록새록 기억납니다. 물론 친정아버지의 '방학 숙제 다 했니?'라는 걱정도 한몫했지요. 그리고 엄마랑 돗자리를 깔고 플라타너스 그늘 밑에 누워 구구단을 외우다 지치면 별을 세다 잠들던 꼬마가 이제 환갑을 지나고, 늦깎이 수필을 배운다며 소월·경암문학예술기념관에 첫발을 내디뎠습니다. 하지만 수필을 쓴다는 게 제겐 그리 만만한 일은 아니었습니다.
　이철호 교수님께서는 이런 나에게 가끔, 내용은 재미있는데 수필 실력이 엉망이라며 다른 사람 글도 많이 읽어보라며 채찍질하셨습니다. 처음엔 부끄러워 고개도 못 들었는데 그때마다 다른 사람 글도 읽고, 같이 배우는 문우님들 도움도 받아가며 수정하고 또 수정하였습니다. 그 결과 의창야화를 〈한국문인〉에 연재하게 되었고, 새한국문학회 〈한국문인〉에 실었던 작품을 밑바탕으로 수필집을 발간하게 되었습니다.

보건진료소장이라는 직업으로 38년간 근무할 때, 때로는 그만두고 싶을 정도로 힘들었고, 때로는 보람도 많이 느끼며 행복했던 기억들을 더듬어 보았습니다. 그리고 코로나 시기 보건인력교사로 인생 2모작을 어느 교정에서 다시 시작했을 때 가로수의 노란 은행잎이 별빛처럼 하늘에서 너울거리는 또 다른 행복감을 맛보았습니다.

아이들의 순수함과 열정 속에서 또 다른 배움과 희망을 보았습니다. 이제 어른으로 모범을 보이고 '참 더 잘 살아야겠다'고 또 한 번 다짐했습니다. 과거는 추억으로 가슴 깊이 간직하고, 현재는 감사하고 사랑하며, 미래는 후회 없는 삶을 계획하며 기도하는 마음으로 살고 싶은, 이런 게 내 전 재산이길 소망해 봅니다. 그리고, 그렇게 노력하는 사람으로 기억되고 싶습니다.

문학으로 저를 이끌어주신 이철호 교수님께 깊이 감사드립니다.

신 ㄹ ㅎ

2025. 3

차례

신근효 수필가의 작품세계
이철호(문학평론가, 소설가) • 292

1부
딱 한 번만

황당한 첫경험 • 10
An Unbelievable First Experience • 14
딱 한 번 만 • 19
Just Once • 23
서원 기도 • 29
Vow Prayer • 33
대추알 신사 • 38
The Jujube-Sized Gentleman • 42
이천원 • 47
2,000 Won • 50
환상 • 55
Vision • 60
빈대떡 신사 • 66
The Pancake Gentleman • 70
천상의 선물 • 75
A Gift from Heaven • 80
백년지대계를 꿈꾸며 • 86
Dreaming of a Century-Long Legacy • 91

2부
천생연분과 닥터 지바고

천생연분과 닥터 지바고 • 99

A Fateful Pair and DD K CC • 104

잉꼬부부 • 110

Between Indigestion and Lung Cancer • 114

청양고추 • 120

Cheongyang Chili Peppers • 124

은행털이 • 129

Ginkgo sweeping • 133

지랄하고 자빠졌네 • 138

What a Load of Nonsense! • 142

그까짓 거 • 147

That Little Thing • 151

선한 사마리안법 • 156

The Good Samaritan Law • 161

머물던 자리 • 168

The Place I Stayed • 171

보건의 길을 돌아보며(전국 최소 양팔혈압 측정 방법 채택) • 175

Looking Back on My Faith in Public Health • 181

솟대의 기억 • 188

The Memory of the Sotdae • 192

3부

엄마의 해당화

까치야! 까치야! • 198

Magpie! Oh, Magpie • 203

꿈의 대화 • 209

A Conversation in a Dream • 213

민낯 • 218

The Unadorned Face • 223

혼수 • 228

Wedding Gifts • 232

엄마의 해당화 • 237

Mother's Sweet Briar • 241

세상에서 가장 따뜻한 이불 • 247

The Warmest Blanket in the World • 251

세상에 공짜는 없다 • 257

Nothing in the world is free • 260

불독 • 265

Bulldog Baby • 268

엄마, 절대 죽으면 안돼요! • 272

Mom, You Must Never Die! • 277

빈자리 • 283

The echo of your absence lingers • 287

딱 한 번만

1부

황당한 첫경험

"소장님! 나 좀 살려 주세요! 아니 우리 애기 좀 살려 주세요! 우리 애기 얼어 죽으면 안돼요!"

잊을 수 없는 1984년 1월의 어느 늦은 저녁이었다. 정강이까지 찰 정도로 눈이 많이 와서 온 들과 온 산이 새하얀 몹시 추운 날이었다. 일과가 끝났는데 난로의 화력이 너무 좋아 책 한 권을 들고 난롯가에 앉았다. 식곤증이 밀려와 졸음을 억지로 참고 있는데 갑자기 진료소 밖이 시끌벅적하며 다급한 목소리가 들리더니 순식간에 엄청난 일이 벌어졌다.

낮에 잠깐 왔다가 화장실 다녀온다더니 깜깜소식이었던 임산부의 다급하고 칼 진 목소리다. 그 추운 엄동설한에 임산부의 조끼에 갓난아기를 감싸 안고, 허리는 구부정하게 하고, 몸뻬바지 밑으로 탯줄을 늘어뜨린 채 임산부가 엉금엉금 기어 들어왔다. 순간 머리가 새하얗게 질리고 어찌할 바를 몰랐다.

사실 신생아를 받아 본 건 학생 실습 때 관찰한 것, 그리고 보건진료소장 직무교육 때 딱 한 번 수간호사님과 함께 실습한 게 전부였기 때문이었다. 급속 분만에 분만예정일이 두 달이나 남은 임산부가 아기를 길거리에서 그것도 엄청 추운 날 눈 위 남의 집 짚동가리 옆에서 아기를 낳아 온 것이다.

사연을 물어보니 산달이 얼마 남지 않아 낮에 배가 살살 아프다 말다 해서 아무래도 미역을 미리 사다 준비해 놓아야 할 것 같아 구판장에 가다가 혹시나 해서 진료소에 들렀는데 민원인이 많아 화장실 볼일만 보고 그냥 집에 갔단다. 저녁에 다시 구판장에 오는데 중간쯤 오니 갑자기 배가 살살 아프더니 금방이라도 대변이 나올 것 같아 남의 집 짚동가리 쌓아 놓은 뒤로 가서 똥이 마려워 정말 똥을 누듯이 힘을 한 번 힘껏 줬는데 "응애~응애~응애~" 하며 갑자기 아기가 눈 위로 불쑥 나와 깜짝 놀랐단다.

깜짝 놀라 아기가 눈 위에 닿자마자 본능적으로 날씨가 추워 아차 싶었고 아기가 얼면 안 되지 하는 생각과 동시에 아기를 잃을까 봐 본인 조끼로 얼른 아기를 감싸 안고 보건진료소까지 100여 미터 정도를 어떻게 걸어왔는지 아찔했단다.

평상시 강의 때 교수님께서 '갓난아기를 낳으면 다리 밑에서 잘 주워라'는 농담이 생각났다. 일단 따뜻한 난롯가 옆 침상에 분만용 비닐 깔개포를 깔고 임산부를 뉘였다. 심호흡을 하며 내가 침착하게 잘 대처하면 갓난아이와 임산부를 모두 건강하게 살릴 수 있다는 믿음과 사명감뿐이었다.

배운 이론대로 아기를 거꾸로 들고 엉덩이와 등을 살알짝 쳐서 울음을 터트려 주고, 입안의 오물을 제거하며 호흡 기능도 살펴주고 임산부의 제대혈을 아기 쪽으로 많이 가게 훑어서 보내고 캘리로 제대를 클립한 다음 멸균된 가위로 제대를 자르고 묶어서 처치했다. 그리고 한 번도 안 쓴 내가 아끼던 큰 새 타월로 갓난아기를 감싸 몸무게를 달았다. 8개월 만에 낳은 8삭둥이인데도 울음소리도 우렁찬 2.8kg의 건강한 사내아이였다. 우선 아기를 잘 케어해 놓고 나니 산모의 2차 산후 진통이 시작되었다. 태반 만출의 징조다. 산모 아랫배를 부드럽게 마사지해 주며 탯줄을 살살 잡아당기니 출혈도 별로 없이 태반도 아주 깔끔하게 만출되었다.

난생처음 내 나이 23살에 그것도 취직한 지 겨우 4개월 된 애송이 보건진료소장이… 갓난아기를 분만 과정이라는 아주 특별하고 황당한 첫 경험을 했다. 첫아기 분만은 평균 10시간의 엄청난 산고라는 진통 과정을 거치는데 불행 중 다행으로 첫 분만의 특별한 경험인데 병원실습 때 보았던 그런 복잡한 과정 없이 이미 짚동가리 옆에서 낳아 왔다. 정말 믿어지지 않았다. 갓난아기는 눈밭 위 그 추운 열악한 환경 속에서도 너무 경이롭고 신비하게 자신의 생명을 지켜냈다. 그 당시 2.6kg 이하면 아기를 인큐베이터에 넣어 키워야 해서 인큐베이터가 있는 병원으로 후송해야 했는데 천만다행이었다. 출혈량도 많지 않고 태반이 닿은 부위만 출혈이 묻었지 산후출혈도 거의 없이 정말 깔끔했다.

이 세상의 모든 엄마는 강하다. 그래서 그 모성 본능으로 위기의 순간에 눈 위에 떨어뜨린 아기를 살릴 수 있었다. 난 지금도 그때 일을 생각하면 아찔하다.

1984년 한동안은 눈 위 남의 집 짚동가리 옆에 똥 누듯이 낳은 사내아이 이야기로 온 동네가 떠들썩했다. 내 생에 처음으로 '분만'이라는 참 잊지 못할 황당한 첫 경험을 하고 나니 이젠 어떤 일도 두려울 게 없어졌다. 간호대학 가기 싫다고 부모님과 실랑이를 많이 벌였는데 그날만큼은 아이와 산모를 잘 살렸다는 생각에 간호사가 된 것, 그리고 보건진료소장이 되길 참 잘했다는 생각이 들었다.

그리고 산모와 가족들도 기다리던 아들이라고 너무너무 좋아했다. 딸만 둘이었는데 두 번이나 자연유산이 되어 아기를 또 잃을까 봐 걱정했단다. 그리고 나도 나름 사내아이라서 그런지 더 좋았다. 내게도 있는 남아선호 사상이 들통나는 순간이었다.

An Unbelievable First Experience

"Director! Please save me! No, save my baby! My baby must not freeze to death!"

It was a frigid January evening in 1984, etched permanently in my memory. Snow piled up to my shins blanketed the fields and mountains in white. After a long day's work, I sat by the blazing stove with a book in hand, battling drowsiness from a full stomach. Suddenly, urgent voices and commotion erupted outside the clinic. In an instant, chaos descended.

The desperate, sharp voice belonged to a pregnant woman who had briefly visited the clinic earlier but left after saying she needed to use the restroom. Now, she crawled into the clinic on her hands and knees, clutching a newborn wrapped in her vest, her back hunched, and an umbilical cord trailing beneath her baggy pants.

My mind went blank. Panic washed over me. The only experience I had with childbirth was observing a delivery during nursing school and assisting a head nurse once during my health clinic training. This woman, two months shy of her due date, had delivered her baby in the freezing cold, on a snow-covered path next to someone's straw pile.

She explained that she'd been experiencing mild cramps earlier in the day. Thinking she might need seaweed for postpartum recovery, she visited the clinic on her way to the store but left due to the long wait. Returning to the store that evening, she felt an intense pressure in her abdomen. Thinking she needed to relieve herself, she went behind the straw pile, bore down – and to her shock, out came a crying baby onto the snowy ground!

Instinctively, she realized the baby could freeze to death. Wrapping the infant in her vest, she staggered 100 meters to the clinic, not even remembering how she managed the trek.

I recalled a professor joking during a lecture, "If you find a newborn under a bridge, make sure you take care of it." Determined to stay calm, I laid a delivery sheet on a cot near the warm stove and helped the mother lie down.

Following textbook procedures, I held the baby upside down, gently tapped its back to stimulate crying, cleared its mouth, and checked its breathing. I milked the umbilical cord toward the baby, clamped it with sterilized clips, and cut it with sterile scissors. Wrapping the newborn in a large, unused towel I'd been saving, I weighed the baby – a healthy 2.8 kg boy, despite being born prematurely at eight months!

Just as I finished caring for the baby, the mother entered the second stage of labor. Gently massaging her lower abdomen, I carefully guided the placenta out with minimal bleeding.

At just 23 years old, only four months into my first job as a rural health clinic director, I had delivered my first baby – a surreal and extraordinary experience. Typically, a first-time mother endures a long, grueling labor, but fate had bypassed the complicated hospital procedures I'd learned. She had already given birth next to a straw pile. It was hard to believe. Despite the harsh conditions, the newborn had miraculously survived. Had he weighed less than 2.6 kg, he would've needed an incubator, requiring an emergency hospital transfer. There was little bleeding, and only the area where the placenta had detached showed some blood. There was almost no postpartum hemorrhage, and everything was remarkably clean.

All mothers possess an incredible strength—a maternal instinct that propelled this woman to save her baby in the most critical moment. Thinking back still makes my heart race.

For a while, our entire village buzzed with stories about the baby boy born 'like a bowel movement' behind a straw pile on a snowy winter's night. Having faced such an unimaginable first experience, I felt ready to handle anything life might throw at me.

Though I had argued fiercely with my parents about

attending nursing school, that night made me realize how grateful I was to be a nurse and a health clinic director. The baby's family was overjoyed too. After two miscarriages, both of which were girls they had long hoped for a son. To my surprise, I found myself just as thrilled—perhaps because the baby was a boy. In that moment, I realized even I was not immune to gender bias.

딱 한 번만

따뜻한 봄날 아주 특별한 운명 같은 만남이었다. 대청댐을 끼고 있는 마을에 보건진료소장으로 부임한 지 얼마 되지 않았을 때다.

학교 실무사로 근무하시는 분이 5학년 K학생이 교문을 올라올 때 자꾸 쪼그리고 앉고 얼굴이 창백하다며 안부와 진료를 받으러 왔는지 자꾸 확인했다. 관내에서도 학생에 대한 소문이 무성해 궁금한 터였는데 그 아이 부모가 감기를 이유로 내소했다.

이웃분들이 학생의 안부를 자꾸 물으니 궁금하여 내게도 학생을 진료할 수 있는 기회를 딱 한 번 만 달라고 했다. 전화기가 있는 집이 귀하던 시절이라 옆집으로 전화해서 학생을 오라고 했다.

십 분 정도를 기다리니 학생이 숨을 헐떡거리며 핏기가 하나도 없는 채로 들어왔다. 뛰어왔냐고 물었더니 아니란다.

어디 아프냐고 했더니 아픈 데는 하나도 없는데, 그냥 걸을 때 숨이 차고 힘이 없고 기운이 없단다. 특별한 증상이 있었냐고 물으니 아니란다. 체온을 재보니 열도 없다. 다만 핏기 하나 없는 하얀 얼굴색과 푸르스름한 입술이 눈에 거슬렸다. 그런데 반팔 차림의 파리한 팔을 보니 출혈 반점이 드문드문 보였다. 다리도 팔처럼 똑같았고 손바닥도 백지장이었다.

순간 아차! 싶었다. 간호대학생으로 서울 병원에서 실습할 때 휠체어에 앉아 있던 백혈병이라던 그 아이가 생각이 났다. 아니겠지? 정말 아닐 거야! 스스로를 위로하고 진정시키며 어떻게 하지? 정말 어떻게 말하지? 고민고민하다 일단 병원에 가서 진료를 잘 받게 하는 게 최우선이라는 생각에 의뢰서를 써 주기로 마음먹었다.

의학용어가 아닌 순 한글로 일단 쓰기 시작했다. 재생 불량성 빈혈 이상 유무 확인, 백혈병 이상 유무 확인, 혈액 이상 유무 확인을 기록했다. 만약 의뢰서를 보고 병원 가기 전 대충 눈치라도 줘서 학생의 부모가 마음을 단단히 먹고 갔으면 했다. 이제나저제나 하는데 가슴을 졸이던 순간은 기어이 오고야 말았다.

"소장님! 큰일 났어요! 학생의 엄마가 충격을 받고 기절하려고 해요! 정말로 학생이 백혈병이예요?" 한다. 아직은 아무것도 아니라고 하며 어설픈 위로로 혹시 만일을 위해 의뢰서에 그렇게 쓴 것이니 걱정 말고 잘 다녀오라고 다독였다.

문제는 다음 날 또 터졌다. 종합병원 의사 선생님이 진료를 하다 말고 애가 이러하도록 부모는 뭐 했냐며 고래고래 소리 지르며 호통을 치셨단다. 혈액검사 등 진료를 잘 마치고 다음 날부터 내원하여 우선 빈혈 치료부터 했다. 어지럼증과 빈혈은 혈액 주사로 바로 호전되어 혈색이 핑크빛으로 돌아왔다. 그로부터 길고 지루한 기다림이 시작되었다.

혈액검사를 서울로 보내 결과가 오기까지 약 한 달이 걸렸는데 검사 결과는 청천벽력이었다. 예상했던 학생 진단명은 '어린이 백혈병'이었다. 부모들은 어찌할 바를 몰랐고 나 역시 마을 의료 책임자로서 당황할 수밖에 없었다. 이곳에 근무하게 된 것은 우연이 아닌 운명이라고 느꼈다.

캠페인을 벌이기 시작했다. '백혈병 어린이를 도웁시다!' 우리 지역에선 돈이 없어서 치료를 못 받는 그런 일은 절대 만들지 말자며 지역사회에 호소했다. 우선 면사무소 의료보호 대상자로도 등록되어 치료를 잘 마칠 수 있도록 의료보호 담당자에게도 협조를 구했다. 마을 이장, 새마을 지도자, 부녀회장, 교육청에서도 온정의 손길을 내밀어 주셨다. 소재지 부녀회원들은 문의에 있는 식당을 빌려 불우이웃돕기를 하자며 3일간의 시간을 투자해 주셨다. 그 수익금이 전달되어 신문에 기사화되었고, 보건진료소의 좋은 본보기라며 면사무소 '문의지'에도 보도되었다.

백혈병 어린이 역시 길고 긴 서울의 병원 생활을 잘 버텨주었고 온정의 손길은 어린이의 생명을 다시 태어나게 했다. 병원 치료 및 검사가 끝나고 모두 정상이라는 판정을 받았을 때의 감격은 이루 말할 수 없었다. 학생은 3학년 동생들과 같이 5학년을 다시 다니긴 싫다고 학교를 거부했다. 이듬해 학생이 학교 가기로 결심했다고 나를 찾아왔다. 정말 어려운 용기 내주어 고맙다며 학용품들을 챙겨 격려해 주었다.

나중 된 자가 먼저 된다고 6학년 때는 전교 어린이회장까지 거뜬히 해냈다. 특별히 해 준 건 없다. 그저 간호학을 공부할 때 교수님들께 배운대로 시진(잘 살펴보고)하고, 청진(잘 들어보고)하고, 필요하면 촉진(잘 만져 보고)해 본 것밖에는 없다. 그리고 따뜻한 마음 조금 나누려 한 것과 희망을 심어 주려 한 것이 전부다. 이 일을 계기로 지역 보건진료소장으로서 작은 자긍심이 생겼다. 오늘도 나는 '미래를 위한 계획자로, 교육자로, 설계자로, 안내자로, 예방자로, 치료자'로 거듭나야겠다고 다짐한다. 딱 한 번만이라도 진료할 기회를 달라고 했던 그날의 기억이 새록새록하다.

Just Once

It was a warm spring day, a fateful encounter that felt like destiny. It happened shortly after I began my post as the head of a community health clinic in a village by Daecheong Dam.

One day, the school administrator came to me and said that a fifth-grade student, K, often crouched down and looked pale whenever he approached the school gate. She asked if he had visited the clinic for a check-up, repeatedly urging me to look into his condition. Rumors about the student had already piqued my curiosity, and not long after, His parents came to the clinic themselves, citing a cold.

Neighbors frequently inquired about the student's health, and my own curiosity led me to request just one chance to examine him. Back then, telephones were rare, so they called the neighbor's house and asked the student to come.

About ten minutes later, the student arrived, gasping for breath, his face completely drained of color. I asked if he had run to get here, but he said no. When I asked if he felt unwell, he insisted he wasn't in pain but admitted to feeling short of breath, weak, and lacking energy whenever he walked. He denied having any specific symptoms, and his temperature was normal. However, his starkly pale face, bluish lips, and spindly arms caught my attention.

Seeing his thin, pale arms in short sleeves, I noticed scattered petechial spots on his arms. His legs showed the same signs, and his palms were as pale as a sheet of paper.

In that instant, a chill ran down my spine. I recalled a child I had seen during my nursing school internship at a hospital in Seoul – a wheelchair-bound leukemia patient. 'Could it be? No, surely not.' I tried to calm myself, reassuring myself it couldn't be true. But what could I do? How could I break the news?

After much deliberation, I decided the best course of action was to refer him to a hospital for a thorough examination. I began writing a referral note, deliberately using simple, layman's terms: "Check for aplastic anemia, leukemia, or any blood – related abnormalities." I hoped this would give the parents some sense of the seriousness before visiting the hospital, allowing them to prepare themselves emotionally.

But the moment I had been dreading arrived sooner than expected.

"Director! This is a disaster! The student's mother is in shock and about to faint! Is it true? Does her child have leukemia?"

I tried to console her, saying it was just a precautionary note and that nothing had been confirmed yet. I encouraged them to visit the hospital for a proper diagnosis and reassured her as best I could.

The next day, another incident arose. At the general

hospital, the attending physician, visibly upset, scolded the parents for allowing the child's condition to deteriorate so badly. Blood tests and other diagnostics were completed, and the family began coming to the clinic for anemia treatment while awaiting test results from Seoul. With blood transfusions, the child's dizziness and anemia improved significantly, and his pale complexion turned rosy.

Then came a long, agonizing wait. It took about a month for the test results to arrive – a devastating blow. The diagnosis was what I had feared: childhood leukemia. The parents were at a loss, and as the community health director, I too felt overwhelmed. It was then I realized my being here wasn't mere coincidence – it was fate.

I launched a campaign: "Let's Help the Child with Leukemia!" I appealed to the community, vowing that no child in our village would go untreated due to financial hardship. The township office registered the child as a recipient of medical assistance, and I sought cooperation from their medical welfare officer. The village chief,

Saemaul leaders, women's association president, and the local education office all offered their support.

In a nearby town, women's association members rented a restaurant for three days to hold a fundraiser for the underprivileged. The proceeds were donated and even reported in the local newspaper as an exemplary initiative by our health clinic.

Thanks to the collective warmth and kindness of many, the child endured the lengthy hospital stays in Seoul and ultimately received a clean bill of health. When the hospital confirmed that the child was completely cured, the joy was indescribable.

However, the student initially refused to return to school, saying he didn't want to repeat fifth grade alongside students who had been in third grade. The following year, he came to see me, having decided to return to school. I commended his courage, gave him some school supplies, and cheered him on.

As if to prove that the last shall be first, the student

went on to serve as the school's student council president in sixth grade.

Looking back, I didn't do anything extraordinary. I simply followed what I had learned in nursing school: observe carefully, listen attentively, and examine thoroughly. Beyond that, I shared a bit of warmth and hope.

This experience instilled in me a small sense of pride as a community health director. Today, I reaffirm my commitment to be a planner, educator, designer, guide, prevention advocate, and healer for the future. The memory of that day, when I earnestly asked for just one chance to examine the child, remains vivid in my heart.

서원 기도

우리네 인생은 안개가 자욱한 오늘처럼 한 치 앞도 내다볼 수 없다. 그저 사랑을 많이 하고, 좋은 일 함께하고, 나누고 베풀며 사는 게 인생이지 싶다.

약품 도매업을 하는 분에게서 제의가 들어왔다. 간염 검사를 무료로 해 준단다. 처음엔 선뜻 주민들을 위한다는 명목으로 아무 의심도 없이 제안을 받아들였다. 주민들에게 홍보하고 200여 명 정도 검사를 진행했는데 간염 보균자가 10명 가까이 나왔다. 그런데 문제는 그 다음이였다. 본인도 많이 아파 죽을 고비를 넘겼다면서 마지막으로 약품 도매업을 시작했으니 간염 예방접종 약을 써달라는 부탁하셨다. 보건소에 알아보니 안 되는 일이였다. 약품 도매업을 하는 분에게 양해를 구하고 보건소에서 약을 수령해 간염 예방접종을 해주었다.

더불어 익히 아는 대로, 교과서의 이론대로, 교수님들께서 강의한 대로, 급성간염을 비치료시-만성간염, 만성간염을 비치료시-간염보균자, 간염보균이 시간이 지나면서-간경화증, 간경화증이 간암이 될 수도 있다는 것을 일일이 전화하여 간염 보균자 분들께 설명하며 꼭 검사받아 볼 것을 권했다. 그런 중 간염보균자 일대일 전화 상담에서 한 분이, "병원 의사 선생님도 괜찮다고 했는데 나이도 어린 게 뭘 안다고 그러냐?"고 버럭 화를 내셨다. 다시 자세히 설명을 해드리며 다니던 병원에서 검사할 것을 당부했다. 그러던 어느 날 전화하셔서 자세한 얘길 꺼내셨다. 지난번엔 화를 내서 미안하다며 어떻게 하면 되냐며 상담하셨다.

사실 간염 보균자임을 알게 된 지 꼭 10년이 되었단다. "딱 10년만 더 살게 해 주세요! 자녀들 여우살이라도 다 시킬 때까지 만이라도 살려 주세요!"라고 기도했단다. 그러던 중 이듬해 여름 수해가 나서 수박 하우스에 물이 차고 시름시름 생병을 앓았다. 엎친 데 덮친다고 또 그다음 해 봄엔 태풍에 딸기 비닐하우스가 엿가락 휘듯 그냥 날아가고 충격으로 누웠는데, 병원에서 검사를 꼭 다시 해 볼 것을 추천했다. 다니던 병원을 추천하여 다시 검사하게 되었고, 예상대로 간암이셨다.

하지만 이분은 더 이상의 치료를 거부하고 병원 진료도 거절하셨다. 항암치료를 권유했지만 남은 가족은 뭐 먹고 살아야 하냐며 딸의 결혼식까지 만이라도 버텨야 한다며 기도원으로 가셨다. 딸의 결혼식을 간신히 치루고 얼마 있으니 배에 복수가 차기 시작했다.

지금의 의술은 상상하기 어려울 정도로 너무 많은 발전을 했다. 과거엔 병명을 알고도 경제력이 뒷받침되지 못하면 그냥 앓다가 돌아가셨다. 이 간염 보균자 분도 음주가무를 정말 좋아하셨다. 건강이 악화되어 금연 금주를 결심하면서 하나님을 알게 되었고 하나님께 서원기도로 딱 10년만 살게 해 달라고 하셨다. 그동안 잘 살았는데 이렇게 되었다며 한탄만 하셨다. 10년여 시간이 다 되어 이승에서 그분께 주어진 시간은 별로 없었다.

이분은 시도 때도 없이 나에게 S.O.S를 쳤다. 하지만 해 드릴 수 있는 치료가 별로 없었다. 너무 답답하고 안타깝기만 했다. 방문해서 그저 같이 있어 주는 것과 마음으로 많이 아프지 않기를 기도하고 위로의 몇 마디를 건네는 게 전부였다. 병원에서 상담이라도 받고 진통제의 도움이라도 받았으면 덜 고생하셨을 텐데… 안타깝게 그렇게 돌아가시고 말았다.

그 당시에 간염보균자 10여 명 중 5분이 교회 다니는 분들이라 그분들이 맞은 침을 다른 사람에게 쓰게 되면 간염보균자가 늘어나는 것은 시간 문제였다. 멸균과 비멸균 개념이 의료인 말고는 일반인에게는 거의 인식이 없었던 시대였다. 당시 교회 목사님이 수지침으로 봉사하고 있었는데 침을 맞고 건강이 좋아졌다는 소문에 많은 분이 전국 각지에서 목사님을 찾아오셨다.

지금은 멸균된 일회용 침과 의료용 소모품이 흔하지만 당시엔 상당히 귀했다. 이 기회에 침도 소독을 철저히 하여야 했으며 한편으론 멸균요법에 좋은 교육의 본보기가 되기를 기대하며 '자외선 멸균소독기'를 교회에 한 대 기증했다. 평소 업무 중 컴퓨터나 프린터에 문제가 생길 때마다 목사님께 많은 도움을 받은 터라 기회가 더 좋았다.

인생의 고된 신고식을 마치게 되면 담대하게 그리고 조용히 아름다운 마무리를 해야 한다. 다신 심장에 불을 지펴 숨 쉬게 할 이유조차 없어진다. 검푸른 바닷속이나 하늘 유리문 속으로 먼 길 우주여행 떠나야 한다. 다만 각자 자신에게 '사느라 고생했어, 정말 수고했어'라고 위로의 말을 건네며 그 마지막이 하나님 집이길 간절히 바랄 뿐이다.

Vow Prayer

Life is like today's thick fog – impossible to see beyond a step ahead. Perhaps all we can do is love generously, do good together, share, and give.

An offer came from a pharmaceutical wholesaler – they would provide free hepatitis screenings. At first, I readily accepted the proposal without any suspicion, believing it was for the benefit of the residents. We promoted the screenings and tested around 200 people, discovering nearly ten hepatitis carriers. However, the real issue arose afterward. The wholesaler, who had endured a life-threatening illness before starting the business, pleaded with me to use their hepatitis vaccine. Upon consulting the public health center, I found that it was not permitted. I explained the situation to the wholesaler, and in the end, the health center provided the vaccine, allowing me to administer hepatitis vaccinations.

Following what was well known, what was in the textbooks, and what the professors had taught, I made phone calls to the hepatitis carriers, explaining in detail the potential progression: if acute hepatitis went untreated, it could become chronic; if chronic hepatitis was neglected, it could lead to a carrier state; and over time, it could develop into cirrhosis, which might eventually turn into liver cancer. I urged them to get further tests.

During one of these one – on – one phone consultations, a man responded angrily, saying, "Even the hospital doctor said I was fine. What does a young person like you know?" I calmly explained again and insisted that he get tested at the hospital he regularly visited. One day, he called back, apologizing for his earlier outburst and asking what he should do.

It had been exactly ten years since he had learned he

was a hepatitis carrier. He had prayed, saying, "Please, just let me live for ten more years – at least until I can see my children grow up."

The following summer, however, a flood submerged his watermelon greenhouse, and his health gradually deteriorated. The next spring, a typhoon destroyed his strawberry greenhouse, leaving him devastated. As a result, he was bedridden, and the hospital strongly recommended he undergo another examination. He went to his usual hospital, and as expected, he was diagnosed with liver cancer.

Despite this, he refused further treatment and rejected hospital care. When I suggested chemotherapy, he responded, "What will my family live on if I undergo treatment?" He chose to go to a prayer house, hoping to hold on until his daughter's wedding. He barely made it through the ceremony, but soon after, fluid began accumulating in his abdomen.

Modern medicine has advanced beyond imagination. In the past, even when people knew their diagnosis, they often succumbed simply because they lacked the financial means for treatment. This man had loved drinking and socializing, but as his health worsened, he quit drinking and smoking and turned to God. He had prayed earnestly for just ten more years, and now that time was up. He was running out of days in this world.

He frequently sent out distress calls – his 'S.O.S.'– but there was little we could do for him. It was heartbreaking and frustrating. All I could do was visit, stay by his side, silently pray that he would not suffer too much, and offer a few words of comfort. Had he at least sought medical consultation and pain relief, he might have suffered less. In the end, he passed away in sorrow.

At that time, five out of the ten hepatitis carriers I had encountered were churchgoers. If they reused acupuncture needles on others, the spread of hepatitis was inevitable. Back then, the concept of sterilization was almost nonexistent among the general public outside the medical field. A local pastor was providing acupuncture treatment as a form of volunteer service, and word spread that many people had improved under his care, drawing visitors from all over the country.

Today, sterile disposable needles and medical supplies are common, but back then, they were rare. This was an opportunity to emphasize the importance of proper sterilization. Hoping to set an example of good hygiene practices, I donated an ultraviolet sterilizer to the church. It also felt like a fitting way to give back, as the pastor had often helped me troubleshoot computer and printer issues at work.

When the hardships of life's initiation are over, we should accept our end with quiet dignity. There comes a time when even keeping the heart beating serves no purpose. Then, it is time to embark on a distant cosmic journey, whether through the deep blue sea or the glass doors of the sky. All I hope is that, at the end of that journey, each of us can whisper to ourselves, 'You worked hard, you really did, and that the final destination is the house of God.

대추알 신사

'건강검진'이라는 단어가 매우 생소할 때의 일이다.

훤칠한 키의 노신사가 허리를 구부정하게 하고 배를 움켜잡고 내소하셨다.

"체한 것 같기도 하구 가끔 소화도 안 되고혀서 왔어, 그리고 가끔 아펐어" 하셨다. 복부를 시진으로 먼저 훑어보았다. 상복부에 지방종 덩어리처럼 손가락 두 마디 만하게 혹이 볼록 나와 있다. 그런데 아뿔싸 촉진하니 지름이 5센티미터가 족히 되었다. 덩어리는 왕대추알만 했다.

통증 여부를 물으니 좀 아프단다. 손을 뗄 때도 아프세요? 하니 괜찮다 하셨다. 소화가 안 되신지 얼마나 되셨나요?

"지금껏 병원도 한번 안 가 보고 검사도 한번 안 해봤어" 하며 자랑처럼 말씀하셨다. 자꾸 왜 그러냐고 묻는데 설명하기가 조심스러웠다. 그런데 노신사가 혹부리를 대추알처럼 너무 많이 키워서 왔지? 이런 건 안 키워 와도 되는데 하셨다. 순간 깜짝 놀랐다. 이런 분은 또 처음이다. 도둑질하다 들킨 것처럼 그 순간 아무 말도 하지 못했다.

안색이 거무스레하고 피부가 황갈색이다. 햇볕에 그을려서 그럴 수도 있지만 병색이 짙어 보였다. 우선 아들한테 다녀가라고 전화를 했다. 아들이 오토바이를 타고 곧바로 내소했다.

"왕대추알 만한 덩어리가 하나 만져집니다. 정밀 검사가 필요한데 어떻게 할까요?"

하니 뭔가 예감이 이상했는지 혹이 있으면 서울로 가야지 했다. 너무 의외였고 오히려 고마웠다. 다른 분들은 병원에 의뢰하려고 하면 어떻게든 보건진료소에서만 해결하려고 떼를 쓰는 경우가 많았는데 설득하기가 예상보다 쉬웠다. 너무 쉽게 서울로 간다고 하며 협조적이었다. 농사일이 바빠 서울에 사는 형제들과 상의해서 서울 아들네 집에 가서 병원에서 검사도 하고 치료받기로 했다.

87세의 노신사는 아무것도 모른 채 흔쾌히 수락하셨다. "그런데 만져지는 덩어리 같은 건 뭐여?" 하셨다. "아직은 아무것도 몰라요. 검사를 해 봐야지요, 지방 덩어리일 수도 있구요, 양성 혹일 수도 있구요, 아무튼 정밀 검사를 하기 전에는 뭐라 말씀드리기가 어려워요. 가족들이 매우 협조적이니 너무 걱정하지 마시고 검사 먼저 받아 보세요." 하며 더 이상의 말을 아꼈다.

얼마 후 노신사는 왕대추알 덩어리를 제거하는 수술을 받았다. 서울에서 수술해서 다 나았다며 동네방네 소문을 내고 자랑까지 하고 다니셨다.

그런데 아들의 말은 전혀 뜻밖이었다. 수술 도중 의료진이 보호자를 불렀다고 했다. '덩어리 조직은 암세포입니다. 암세포가 위는 물론 간, 그리고 주위 조직까지 모두 전이되어 수술을 더 이상 진행할 수가 없습니다. 그냥 다시 덮고 수술을 끝내겠습니다' 했단다.

이런 사실을 전혀 모르는 노신사는 수술했으니 이제 다 나았다며 괜찮다고 생각하셨다. 동에 번쩍 서에 번쩍 기운이 펄펄 난다며 지역 행사란 행사는 다 쫓아다니고 좋아하셨다. 하루는 집안 경사가 서울에서 있다며 보건진료소에 내소하여 거기에도 참석한다고 자랑하셨다.

난 극구 만류했다. 수술 후 추후 관리를 어떻게 해야 하는지, 주의해야 할 식이요법도 알려 드리며, 고령이셔서 체력 회복이 아직 덜 되었다는 핑계로 적극적으로 만류했다.

모든 수술 후에는 가스가 나올 때까지 금식이다. 물론 자극적인 음식도 피해야만 한다. 그리고 가스가 나와야지만 보리차, 미음, 죽, 밥 순서로 식사가 바뀐다. 하지만 노신사는 아랑곳하지 않고 수술 후 새 인생을 다시 산다며 서울에 있는 집안 결혼식에 참석했다.

결혼식이 끝나고 지방에 내려오는 도중 드신 갈비탕이 소화가 안 된다며 차멀미까지 겹쳤는지 계속 토하셨다. 왕대추알 혹부리 영감은 수술이 잘 되었다고 너무 좋아하셨는데 그게 마지막이었다. 돌아오는 도중 병원으로 바로 가 치료를 받았지만 며칠 시름시름 앓다가 허무하게 세상을 마감하셨던 것이다. 감히 누가 경사 후에 곧바로 장례식이 있을 거라 생각했을까? 누가 그게 노신사의 마지막이 될 거라고…. 한마디로 표현하기엔 너무 부족하고 너무 안타깝기만 했다.

태풍처럼 몰려와 쓰나미처럼 한 사람의 인생을 순식간에 휩쓸고 간 느낌이었다. 한동안 일이 손에 잡히지 않았다. 가슴이 너무 아리다 못해 쓰리기까지 했다. 하지만 딸아이의 생명을 담보로, 관할지역 주민들의 건강을 최선을 다해 지켜주기로 한 약속을 잊지 않기 위해서라도 용기를 내야만 했다. '건강검진'이라는 단어가 떠올랐다. 그때부터 더욱더 열심히 용기를 내었던 것 같다. '건강검진을 꼭 합시다'라는 캠페인을 열심히 외치며 홍보하러 출장을 갔다. 나에겐 또 다른 사명감이 하나 더 생긴 셈이다.

The Jujube-Sized Gentleman

The events of this story unfolded during a time when the concept of a 'health checkup' was still largely unknown.

An elderly gentleman with a tall, slender build walked in, clutching his stomach, his back slightly hunched. "I think I might be suffering from indigestion. Sometimes I can't digest well, and occasionally, it hurts," he said. I began by examining his abdomen. A lump about the size of two finger joints protruded from his upper abdomen, resembling a fatty mass. But when I palpated it, I realized it was at least five centimeters in diameter – a lump as large as a king-sized jujube.

"Does it hurt?" I asked. He nodded. "Does it hurt

when I release my hand?" I followed up. He shook his head.

"How long have you been experiencing digestive issues?"

"I've never been to a hospital or had any tests done before," he said proudly. He kept asking why he was feeling this way, making it difficult for me to explain. Suddenly, the elderly gentleman remarked, "I guess I let this lump grow too much – like a jujube. This isn't something I should have let grow." I was taken aback. I'd never encountered someone like him before. It felt as if I had been caught in the act of wrongdoing and couldn't utter a word.

His complexion was dusky, and his skin was a tawny brown. While it could have been from sun exposure, he looked visibly unwell. I called his son right away. He arrived promptly on his motorcycle.

"I can feel a lump about the size of a large jujube. A detailed examination is needed. What should we do?"

Sensing something was wrong, the son responded, "If

there's a lump, we need to go to Seoul." I was surprised and grateful. Many patients resist hospital referrals, insisting on being treated only at the health clinic, but convincing him was unexpectedly easy.

Since farm work kept him busy, the family decided to consult his siblings in Seoul. They arranged for the elderly man to stay at his son's home there and undergo tests and treatment at a hospital.

The 87-year-old gentleman, unaware of the seriousness, willingly agreed.

"What is this lump I can feel?" he asked.

"We can't be sure yet. It could be a fatty mass or a benign tumor. We need detailed tests before saying anything. Since your family is very cooperative, try not to worry and get the tests done first."

Not long after, the elderly man underwent surgery to remove the jujube-sized lump. He returned from Seoul, proudly announcing to everyone that his surgery went well.

But what his son told me later was entirely unexpected.

During the operation, the doctors summoned the family. "The lump is cancerous. The cancer has spread to the stomach, liver, and surrounding tissues. We can't proceed with the surgery. We'll have to close him up and end the procedure."

Unaware of this, the elderly man believed he was fully cured and lived as though he had a new lease on life. He energetically attended every local event he could find. One day, he came to the health clinic, excitedly announcing that he would be attending a family wedding in Seoul.

I tried my best to dissuade him. I explained post-surgery care and dietary precautions, using his advanced age and incomplete recovery as reasons to insist he stay home.

After every surgery, fasting is required until gas is released. Of course, one must also avoid spicy foods. Only once the gas is released can the diet be changed in the following order: barley tea, porridge, soft rice porridge, and then regular rice. However, the elderly man, undeterred by these rules, claimed to be living a new life after the surgery and attended a family wedding in Seoul.

On the way back, he ate a bowl of beef rib soup, which he couldn't digest. He kept vomiting, possibly aggravated by car sickness. He was taken directly to the hospital but, after several days of declining health, he passed away.

Who would have expected a funeral to follow so closely after a family celebration? His life felt like a whirlwind, swept away as suddenly as a tsunami. For a while, I couldn't focus on work. My heart ached–more than that, it burned.

But I couldn't forget the promise I had made – to protect the health of the residents in my jurisdiction, for the sake of my daughter's future. The term 'health checkup' came to mind. From that moment on, I summoned all my courage. I campaigned tirelessly, urging people to 'Get regular health checkups!' and went on outreach trips to spread awareness.

I had found a new calling.

이천원

"나 며칠 전 저녁에 체했나 봐, 소화제 좀 줘. 배가 아파 죽겠어" 한다. 그동안 '배가 아프다'거나 '소화불량'을 호소하면 아무리 바쁜 상황이라도 복부 촉진을 잊지 않았다. 그날도 어김없이 할머니 복부를 촉진했다.

그런데 아뿔사 '급성 충수돌기염' 일명 '맹장염'일 때 나타나는 전형적인 증상과 반응을 보였다. 87세 할머니의 촉진 시 나오는 반응이 심상치 않았다. 의뢰서를 써 드리며 병원에 가야 한다고 설명해 드리니 할머니의 다음 말이 기가 막혔다.

"죽을 나이도 벌써 지났어, 이제 더 살아 뭣 해. 그냥 소화제나 줘" 하며 병원 가기를 꺼려하셨다. 실랑이를 하다 마을 이장님 도움을 받았다. 아들에게 연락해 보건진료소로 전화 한 통을 부탁했다.

119를 불러 병원으로 할머니를 후송할 테니 보호자 아들은 병원으로 가라고 했다. 아들은 어안이 벙벙한지 우물쭈물하며 전화를 끊었다. 그런 일 후 얼마 안 되어 10년 이상 근무자로 다른 지역으로 인사 발령이 났다.

낯선 곳에서 적응하느라 잊고 있었는데 3년쯤 지났을 때 보건소장님이 새로 부임하시고 초두순시를 하셨다. 이것저것 물어보시는데 인사이동 계획이 있을 것 같은 예감을 받았다. 보건진료소 대표한테 인사 계획이 있는지 알아보라고 했다. 확인했지만 별말씀이 없다고 했다. 새 부임지 주민들이 유원지인데도 불구하고 순수하고 매우 정겹게 대해 주셨다. 눈발이 휘날리던 어느 날 예고도 없이 점심시간에 보건소장님께서 찾아오셨다. "인사 대상은 아니나 필요에 의해서 양보를 해 달라"고 하셨다. 내 예감은 적중했다

난 당돌하게 단칼에 거절했다. 그러자 소장님께서는 '공직사회라는 것은' 하고 한마디를 먼저 던지셨다. 그 순간 아차 싶었다. "하지만 제 입장은 소장님께서 가라 하시면 가야 하고 여기 있어라 하면 있을 수밖에 없는 것 같습니다." 예전 부임지를 다시 가는 건 원하지 않았지만 하는 수 없었다. 가기 싫었던 진짜 이유는 전임지에서보다 일하기가 훨씬 쉬웠기 때문이었다. 내가 해결해 줄 수 있는 치료와 없는 치료를 설명해 드리고 의뢰하면 의견을 존중해 주고 쉽게 받아 주셨

다. 3년 3개월 만에 예전 부임지로 인사 발령이 났다.

 다시 부임지로 온 지 6개월쯤 지난 어느 날 일명 그 '맹장 할머니'가 내소하셨다. 90세의 연세에도 살만 조금 빠졌지 건강해 보이셨다. 버스 시간까지 여유가 있어 이런저런 얘기를 나누었다. 그런데 갑자기 "그때 병원 잘 보내 줘서 이렇게 살았어, 고마워" 하셨다. 그리고 손에 쥐고 있던 뭔가를 내 손에 꼭 쥐어주셨다. "더운데 음료소나 사 먹어" 하셨다. 당연히 할 일을 했을 뿐이라며 뿌리쳐도 그 할머니는 "죽어도 되는 노인네를 살려 줘서 고맙다"며 손에 꼭 쥐어주셨다. 난생처음 받아 보는 뇌물 '이천 원'이었다.

 그러고 보면 인생이라는 것은 별 게 없지만 생명은 누구에게나 소중하다. 나이가 많다고 수술만 하면 살 수 있는데도 자녀들에게 신세진다고 병원에 가지 않으려고 버티신다. 2차병원으로 후송하기가 예상보다 쉽지 않다. 수술 후 가족의 사랑이 극진히 보일 때 회복의 예후가 좋았다. 마음과 마음이 통하여 좋은 에너지가 잘 전달되었기 때문이리라.

 오랜만에 내린 한줄기 빗줄기로 봄이 찾아오는 예고를 알린다. 그동안 스쳐 갔던 인연들이 문득문득 생각나는 하루다. 서로의 따뜻한 마음이 잘 전달되었으리라 믿으며 오늘도 감사하다.

2,000 Won

"Just a few days ago, I must have had indigestion during dinner. Can you give me some digestive medicine? My stomach hurts so much" she said. Whenever someone complained about a stomach ache or indigestion, no matter how busy I was, I never forgot to palpate her abdomen. That day was no exception; I examined her as usual.

But to my surprise, she exhibited classic signs and symptoms of acute appendicitis, commonly known as appendicitis. The reaction from the 87-year-old woman during the examination was alarming. I wrote her a referral and explained that she needed to go to the hospital, but her response left me speechless.

"I'm already past the age I should have died. What's

the point of living longer? Just give me the digestive medicine," she insisted, reluctant to go to the hospital. After some back-and-forth, I sought help from the village head. I asked him to contact her son and have him call the local health center.

I told her son that we would call 119 to transport her to the hospital and advised him to meet her there. Sounding bewildered, he hesitated before hanging up. Not long after this incident, after working in the same place for over ten years, I was transferred to a different region.

While I was busy adjusting to the new environment, about three years later, a new head of the public health center arrived and made an initial inspection. He asked me various questions, and I had a hunch that another transfer was in the works. I asked the representative at the health clinic to inquire about any transfer plans. They checked but said nothing had been mentioned. Despite being in a new area, the locals, although living in a tourist destination, treated me with a remarkable sense of purity and warmth.

One snowy day, without warning, the head of the health center visited during lunchtime. He told me, "You're not on the transfer list, but I need you to step aside for the sake of necessity." My intuition was right. I boldly refused on the spot. In response, he remarked, "That's just how it is in public service," and with that one comment, I realized my mistake. I quickly added, "But, of course, if you tell me to go, I'll go, and if you tell me to stay, I'll stay." Though I didn't want to return to my previous post, I had no choice. The real reason I didn't want to leave was that the work at my current post was much easier than before. When I explained the treatments I could and couldn't provide and referred patients accordingly, they respected my opinion and accepted my decisions without hesitation.

After 3 years and 3 months, I was transferred back to my former post. About six months after my return, the so-called 'appendicitis grandma' came to the clinic. At 90 years old, she looked healthy, though she had lost a bit of weight. Since there was some time before her bus arrived, we chatted about this and that. Suddenly, she said, "Thanks for sending me to the hospital back then. That's the only reason I'm still alive." She then pressed something into my hand, saying, "It's hot out, buy yourself a drink." I tried to refuse, saying I was just doing my job, but she insisted; saying, "Thank you for saving an old woman who was ready to die," as she firmly placed something in my hand. It was the first time I had ever received what you might call a bribe – 2,000 won.

Looking back, life may not seem like much, but life itself is precious to everyone. Even when surgery could save them, some elderly patients refuse to go to the hospital, not wanting to burden their children. It's often harder than expected to transfer patients to a secondary hospital. After surgery, when family members show deep affection, the patient's recovery prognosis tends to improve, likely because of the positive energy exchanged through their connection.

A sudden shower today signals the arrival of spring. As I reflect on the many people I've encountered over the years, I believe our warm intentions have been well-communicated. And with that thought, I end another day, filled with gratitude.

환상

"아이구 아야, 아이구 아야" 수화기 너머로 신음소리가 내 귀에 꽂혔다.

"전화를 끊으시고 다시 수화기를 드시고, 119를 누르세요"라며 시도 때도 없이 전화기가 울릴 때 주민들에게 하듯 평상시처럼 받았다. 졸음이 밀려와 전화를 막 끊으려는데 익숙한 목소리의 신음소리가 또다시 들렸다.

"아이쿠 아야~~" 하는데 아빠 목소리였다.

눈을 비비며 시계를 보니 새벽 3시다.

"아빠, 잠깐만요. 제가 갈게요. 기다리세요."

20여 분이 지나니 119가 도착했다. 의뢰서를 준비 못 해 3차 병원인 대학병원에는 갈 수가 없어 종합병원으로 갔다. 그런데 응급처치를 해도 호전이 되지 않자 대학병원을 추천해 주었다.

대학병원 종합검사 결과 진단명은 어마무시한 '대동맥 박리'였다. 순간 48~72시간 내에 적절한 치료가 안 될 경우 '급사'한다는 교수님의 강의가 뇌리에 스쳤다.

수술 시간은 8시간 정도 소요된다고 했다. 둘째, 셋째와 손을 잡고 기도하기 시작했는데 이상한 일이 일어났다. 9시간이 다 되도록 애간장만 태우고 있는데 기도 중 누군가 고개를 가로로 젓는 것이 아닌가. 너무 또렷한 환상이었다. 뭔가 잘 안 되고 있다는 신호였다. 이것의 의미는 뭐지? 고민하고 있었는데 30분쯤 지나자 수술실 입구 문이 열리고 여의사 한 분이 나오셨다.

"아직까지 심장수술은 순조롭게 진행되고 있습니다. 그러나 이 수술이 잘 끝나도 문제입니다. 판막이 석회화되어 있고, 고령이라 인공판막으로 교체하는 것이 좋겠습니다"고 했다.

아직 70세도 안 되었는데 병원에선 노인 취급을 하며 거부할 수 없는 수술 시간 연장을 요구했다. 교체시간은 1시간 정도 소요된다고 했다.

셋째가 기도 한번 더해 보자며 손을 잡았다. 그런데 신기하게도 이번엔 고개를 아래위로 끄덕끄덕하는 장면이 보였다. 이번엔 또 뭐지? 고민하며 안타까워하고 있는데 수술실 문이 열리고 아까 그 여의사가 "판막교체 수술은 잘 되었습니다. 마지막 봉합하고 마무리 작업만 남았습니다"라며 소식을 전해 주었다.

그제야 안도의 숨을 쉬며 우리는 서로를 껴안으며 위로할 수 있었다. 우리 가족들의 애타는 기다림은 10시간이 훌쩍 넘어서도 계속되었다. 13시간 만에 아빠가 수술실을 벗어나셨다. 그제서야 기도할 때 보여준 장면들이 아빠의 수술진행 상황을 생중계 해줬다는 생각이 들었다.

아빠는 일주일 후 중환자실에서 일반병실로 옮겨 회복기로 접어들었다. 그러나 수술 후 3주쯤 되어 갈 때 37.5도로 미열이 나기 시작했다. 급기야 서울 S병원으로 가서 치료받을 것을 권고받았다.

의뢰서를 받아들고 떨리는 마음으로 또다시 129 사설 응급차로 출발했다. 눈발이 사납게 날리며 몹시 추웠다. 응급실에 인계될 때까지 복도에서 꽤 많이 기다렸다. 저녁 9시경이 되어서야 중환자실로 배정이 되었다. 검사 결과 '대동맥 박리' 수술한 심부에 염증이 생겨 재수술을 해 염증을 제거해야 한다고 했다. 청천벽력이었다. 어떻게 다시 13시간 수술을 이겨낼 수 있을까? 깨어나실 수 있을까? 너무나도 기가 막혔다. 중환자실이라 보호자 출입 제한으로 엄마는 밖에서 기다리셨다.

"아빠~! 엄마를 불러 드릴까요? 한번 만나보세요" 하니 금방 수술하고 나오면 된다고 괜찮다 하셨다. 고민도 잠시 아빠는 너무 침착하셨다. 중환자실에서 아빠를 뒤로 하고 나오려는데 또 환상이 보였다. 하얀 시트로 아빠를 덮으며 시트 위에 열십자로 십자가를 긋는 장면이었다. 내 팔과 다리를 꼬집어 봤다. 통증이 느껴졌다. 뭔가 불길하였다. 이게 사실일까? 사실이 아니길 간절히 바라며 수술이 잘되기를 기도했다.

아빠는 다시 13시간의 긴 심장수술을 하셨다. 가족들이 면회할 때는 온 상체를 비닐 랩으로 둘러싸인 모습으로 만났다. 아빠 살아생전의 마지막 모습이었다.

돌아가시기 며칠 전 이상한 일은 또 일어났다. 날개가 있는 청주시의 상징이었던 캐릭터 '생이와 명이' 모습이 보였다. 마치 천사 두 분이 아빠를 맞이하러 온 것 같았다. 친정집 대문 앞 다리에서 아빠가 엄마를 포근하게 감싸 안아 주는 모습도 보였다.

그렇게 아버지는 끝내 회복하지 못하시고, 한 달여 동안을 고생한 끝에 엄마와 우리 5남매를 남긴 채 하늘나라 아버지 품으로 가셨다.

모든 사람의 죽음이 그렇듯 너무 애절하고 안타까웠다. 어떤 말로도 위로가 되지 않았다. 그 당시 미국 연수 간다고 아빠가 쥐어주시던 용돈에 얼마나 가슴 아팠던지…. 그게 마지막일 거라고 감히 어찌 생각할 수 있었으랴. 마지막 달력이 한 장 남았다. 이 땅에서는 다시 만날 수 없는 아빠, 마지막 일기를 쓰듯 그리움을 마음에 새기며 아빠의 심장수술 이야기를 적어 본다.

Vision

Aigoo... Ow... Aigoo... Ow.... The groaning voice pierced my ear through the receiver. Please hang up, pick up the phone again, and dial 119, I said, responding as I usually did to residents when the clinic phone seemed to ring endlessly. Just as I was about to hang up, fighting off my drowsiness, I heard the familiar voice groaning again.Aigoo, Owwww... This time, it was my father's voice. I rubbed my eyes and glanced at the clock—it was 3 a.m. "Dad, wait a moment. I'll come right over. Please hold on."

About twenty minutes later, a 119 ambulance arrived. Since we hadn't prepared the referral form, we couldn't go to the university hospital, a tertiary care center, so we headed to a general hospital instead. However, when his condition didn't improve despite emergency treatment, they recommended transferring him to the university hospital.

The comprehensive examination at the university hospital revealed a terrifying diagnosis: aortic dissection. Suddenly, the only thing that echoed in my mind was the professor's words: without proper treatment within 48 to 72 hours, the patient could suffer sudden death.

The surgery was expected to take about eight hours. Holding hands with my second and third siblings, we began to pray. But something strange happened. Nine hours had passed, and our anxiety was growing when, in the midst of prayer, I had a vision of someone shaking their head from side to side. It was a vivid vision. It felt like a sign that something was going wrong. What could it mean? I was grappling with this when, about thirty minutes later, the doors of the operating room opened, and a female doctor stepped out.

The heart surgery is progressing smoothly. However, even if the surgery goes well, there's still an issue. The valves are calcified, and due to his age, it would be best to replace them with artificial ones, she explained. Though my father wasn't even seventy yet, the hospital was treating him as elderly and demanded an unavoidable surgery time extension. The valve replacement was said to take about an hour.

My third sibling suggested we pray once more, holding our hands. Surprisingly, this time I saw a vision of someone nodding up and down. What could this mean? As I wrestled with it, feeling concerned, the doors to the operating room opened again, and the same doctor stepped out. The valve replacement surgery went well. All that's left is final sutures and finishing touches, she reported. Only then did we breathe a sigh of relief, embracing one another for comfort. Our agonizing long wait continued, stretching well past ten hours. After thirteen hours, my father emerged from the operating room. Looking back, I felt that the scenes I had seen during our prayers were a live broadcast of my father's surgery progress.

A week later, my father was moved from the intensive care unit to a general ward and began his recovery. However, about three weeks after the surgery, he developed a slight fever of 37.5°C. Eventually, we were advised to go to Seoul's S Hospital for further treatment.

With a referral letter in hand and trembling hearts, we once again set off in a private emergency vehicle, 129. Snowflakes were blowing fiercely, and it was bitterly cold. We waited in the hospital corridor for quite some time before he was transferred to the emergency room. He was finally admitted to the ICU around 9 p.m. Test results showed that an infection had developed at the site of the aortic dissection surgery, and they would need to operate again to remove it.

It felt like a bolt from the blue. How could he endure another thirteen-hour surgery? Could he wake up again? It was all too much to comprehend. As it was the ICU, my mother had to wait outside due to strict visitor restrictions.

Dad, should I call Mom in? You should see her, I

asked. But he calmly reassured me that there was no need, saying he would come out after the surgery shortly. Despite the gravity of the situation, my father remained incredibly composed. As I was about to leave him behind in the ICU, I had another vision. A vision of a white sheet being draped over my father, with a cross drawn across it. I pinched my arms and legs. I felt pain. Something felt foreboding. Could this be real? I desperately prayed that it wasn't and hoped for a successful surgery.

My father underwent another long thirteen-hour heart surgery. When we were finally allowed to visit, his entire upper body was wrapped in plastic. It was the last image we saw of our father while he was still alive.

A few days before he passed away, another strange thing occurred. I saw the winged mascot characters of Cheongju City, Saengyi and Myeongyi. It felt as though angels had come to welcome my father. I also had a vision of my father embracing my mother tenderly on the bridge in front of our family home gate.

In the end, my father never recovered, and after more than a month of suffering, he passed away, leaving my mother and the five of us children behind. Like every death, his passing was heartbreaking and full of sorrow. No words could provide comfort.

I still remember how much my heart ached when he handed me some pocket money before I left for a study trip to the U.S. How could I have ever imagined that would be our last moment? The calendar had just one page left. Dad, whom I could never meet again in this world as if writing a final diary entry, I now pen this story of my father's heart surgery, etching my longing for him into my heart.

빈대떡 신사

 누군가 요란하게 문을 두드린다. 근무시간 시작도 하기 전 아침 일찍부터 환자가 찾아온 것이다. 깜짝 놀라 현관문을 급히 열어젖혔다. 어둠의 땅거미가 가시지 않아 사람을 분간하기 어려운 정도다. 노인이 배를 움켜잡고 인상을 찌푸린 채 현관문 아래 쪼그리고 앉아 있었다. '아이고 배야' 하는 고통소리가 들린다. 응급환자가 틀림없어 보였다.
 손을 잡고 일으켜 세운 뒤 침대에 걸터앉게 했다. 혈압과 체온을 측정해 보았다. 모두 정상이다. 아픈 부위를 진찰하려고 침대에 눕기를 권했다. "밤새 죽도록 월매나 아팠는지 몰라요. 약이나 좀 주시오" 하며 배가 아픈데 먹는 약만 달라고 막무가내 보챈다. 어디가 어떻게 아픈지? 다른 이상은 없는지? 물어보며 아픈 부위에 손을 올려놓고 지그시 눌러보았다. 손이 닿자마자 외마디 소리를 버럭 지른다. 상복부에 작은 손바닥 반만 한 얇은 빈대떡같이 생긴 게 느껴졌다. 손을 떼자 장기가 터질 때 나타나는 전형적인 증상을 보였다. 언제부터 아팠는지를 물어보았다. 2~3일 전부터 조금씩 아프더니 오늘은 참을 수 없을 정도로 통증이 심하다고 한다. 아직 병원도 가지 않았고, 약을 드시는 것도 없다고 한다.

종합병원에 가서 검사부터 받아야 할 상황이다. 의뢰서를 써주며 빨리 병원으로 가셔야 한다고 했더니 "병원은 뭣 하러 가? 약이나 두어 번 먹을 거 그냥 주지, 검사는 무슨? 약도 안 줄 거면 진찰은 왜 했어?" 원망이 대단하다.

"진찰했다고 약을 다 드릴 수 있는 게 아니에요. 119를 불러 드릴 테니 지금 바로 가셔야 해요."

그러나 얼토당토않게 병원은 가기 싫다고 떼를 쓴다. "약도 안 주는디 괜히 왔네. 아파 죽겠는디 또 어떻게 걸어가. 죽게 내버려 두지, 이 늙은이를 뭐 할라꼬 그렇게 챙겨." 투덜거리며 진료실 문을 꽝 닫고 나가신다. 1시간 후, 자녀들과 상의한 결과를 전화로 물었더니 통증이 더 심하다고 한다. 자식의 바쁜 직장생활이 걱정되어 집에 돌아올 때까지 참고 있는 거다.

그동안 아침 해가 떠오르면 밭에 나가 잡초와 싸워야 했고, 벼 논에 물고를 틀며 피사리하느라 쉴 틈이 없었다. 시골 농사일은 아무리 해도 끝이 없다. 온몸이 부서져라 일만 하며 뼈가 울어도 제 몸 한번 추슬러 보지 못한 것이다. 아픔을 참고 견디는 모습이 마냥 애처롭게만 느껴졌다. 가족에 대한 사랑과 희생이 눈에 선하게 떠오른다. 그 침묵의 아픔이 내 가슴을 후벼 파고들었다. 오로지 자식을 위해 일생을 헌신하며 살아 온 가족애에 머리가 숙연해졌다.

  닷새 후 부인이 진료소를 찾아와 수술한 이야기를 들려주었다. 남편의 통증이 얼마나 심한지 참다 참다 새벽 3시까지 기다리다 119응급차를 불러 병원응급실로 갔단다. 위에 구멍이 나서 음식물이 복강으로 흘러나온 거다. 이물질이 붙은 창자를 꺼내 씻어 넣어야만 했단다. 일찍 병원에 가서 수술했다면 흉터가 작았을 텐데, 대수술이 이루어져 커다란 흔적이 남게 된 것이다. 병원에 빨리 갔으면 고생을 덜하고 흉터도 작았을 텐데…, 유별나게도 황소처럼 고집이 센 탓이다.

  평소 막걸리에다 빈대떡이나 먹고, 술이 만땅이 되면 밥도 안 먹고 그냥 곯아떨어졌었다. 금주, 금연 캠페인을 할 때 눈길 한번 주지 않고 듣는 척만 하던 그 아저씨, 결국 그렇게 위 천공 수술을 하게 되었다. 거기에 대장암까지 발견되어 자의 반 타의 반으로 금주, 금연을 성공하게 되었으니 천만다행이다. 빈대떡 신사는 지루한 병원 생활을 2년이나 더하고 퇴원했다

인간사 운명이 하늘에 달려있다고 하지 않던가. 가정에 남편이 살아 있다는 것 하나만으로도 집안의 훈훈함은 살아났다. 빈대떡신사 복통 사건을 한바탕 치루고 나니 이제야 무거웠던 어깨가 한결 가벼워졌다.

문득 금연을 성공하기까지 열일곱 번이나 반복하셨던 친정아버지 모습이 오버랩된다. 동구 밖 느티나무 아래에서 지게를 지고 오시는 모습이다. 구성진 콧노래도 들리는 듯하다. 오늘따라 아버지의 주름진 얼굴에 걸린 미소가 더욱 그립다.

The Pancake Gentleman

Someone pounded on the door, their knocking loud and insistent. It was early morning, long before work hours officially began, and already a patient had arrived. Startled, I hurriedly flung open the door. The dim twilight had yet to yield to dawn, making it hard to discern faces.

Huddled at the threshold was an elderly man, clutching his stomach with a pained expression etched across his face. "Oh, my stomach!" he groaned in agony. It was unmistakably an emergency.

I helped him to his feet and guided him to sit on the edge of the bed. I measured his blood pressure and temperature—both were normal. I asked him to lie down for a more thorough examination. He reluctantly complied, grumbling, "You don't know how excruciating it was all night. Just give me something for the pain!"

He was adamant about getting painkillers, but I pressed for more details: where exactly it hurt and whether there were any other symptoms. Placing my hand gently on his abdomen, I applied light pressure to the area he indicated. The moment my hand touched him, he let out a sharp cry. Beneath my palm, I felt something thin and firm, about the size of half a small pancake, near the upper abdomen. When I released the pressure, his reaction matched the textbook symptoms of an organ rupture.

"How long has it been hurting?" I asked. He said the pain had started mildly two or three days ago but had become unbearable today. He hadn't visited a hospital or taken any medication.

I wrote him a referral and urged him to go to the hospital immediately. "There's no time to waste," I explained.

"Why bother with a hospital?" he retorted indignantly.

"Can't you just give me some medicine? What's the point of an exam if you won't even give me a prescription?" His resentment was palpable.

"I can't prescribe anything without proper tests," I said firmly. "Let me call 119 for you. You need to go now."

But he stubbornly refused, throwing a tantrum. "What a waste of time coming here! I'm in agony, and now you want me to walk all the way to a hospital? Just let me die here! Why even bother with this old man?" He stormed out, slamming the door behind him.

An hour later, I called to check on him. His family said the pain had worsened. Despite his agony, he was waiting for his children to return from work, unwilling to disrupt their busy schedules.

This man had spent his days tending fields, battling weeds, and managing irrigation channels without a moment's rest. Farm work in the countryside is endless, and he had labored relentlessly, his body crying out for respite, yet never pausing to care for himself. His endurance, borne out of love and sacrifice for his family, seemed both admirable and heartbreaking.

Five days later, his wife visited to recount what had happened. Unable to bear his pain, he had finally called an ambulance at 3 a.m. Tests revealed a perforation in his stomach—food had leaked into his abdominal cavity. Surgeons had to remove and clean part of his intestine. If he had gone to the hospital sooner, the surgery would have been simpler, leaving only a small scar. Instead, he underwent a major operation that left a large mark on his body. His stubbornness, as unwavering as that of an ox, had cost him dearly.

She also revealed another twist: during the surgery, they discovered colon cancer. Forced by necessity, the man—who had stubbornly ignored every anti-drinking and anti-smoking campaign—was now abstaining from both alcohol and cigarettes. It was a bittersweet turn of events. After two long years of hospital treatment, the "gentleman with the pancake" finally returned home.

They say human fate lies in the hands of heaven. The fact that her husband was alive brought warmth and life back into their household. Reflecting on this ordeal, I felt a weight lift from my own shoulders.

My thoughts turned to my late father, who had quit smoking after seventeen attempts. I could almost see him trudging home under the shade of the old zelkova tree, a bundle on his back, humming a cheerful tune. Today, I miss his wrinkled smile more than ever.

천상의 선물

"스~선생님, 우리 세~셋째 아기가 이유 없이 ㅁ~며칠째 울어요. 지치ㄹ~만도 한데 악을 쓰며 울어요. 어~쩌유, 진짜 어디가 많아니 아픈가 봐요."

전화기 너머로 들려오는 어눌한 목소리는 아픈 딸에 대한 걱정으로 안개처럼 뿌옇게 일렁이고 있었다. 나는 대수롭지 않게 빨리 병원에 가 보라고 일렀다. 아이가 아프다고 만사 제쳐놓고 달려갈 수는 없는 일이었다.

월요일 아침 일찌감치 전화가 울렸다. 벌에 쏘인 것 같다며 병원에서 처치를 받았는데 아이가 여전히 울고 있다는 거였다. 소식을 전하는 엄마의 목소리가 다급했다. 혹시 뱀에 물린 것은 아닐까 하는 생각이 순간 스쳤다. 뱀에 물렸다면 한시가 급한 상황이었다. 내 예상은 적중했다. 아이가 병원에 입원해 일주일이 넘어서고 있을 즈음 조금씩 나아지고 있다는 소식을 전해왔다. 무거웠던 마음이 개이며 희망의 햇살이 떠오르는 것 같았다.

아이와 아빠는 20분 거리에 사는 할머니 집에 다녀오면서 평소와는 달리 논둑길을 걸어서 왔단다. 아무래도 무성히 자란 풀섶을 지날 때 뱀에게 물린 것 같았다.

어쨌든 회복 중이라니 천만다행이라는 안도의 숨을 채 돌리기 전에

"스~슨생님 으으~어떡해요. 소변이 새빨개요. 아이가 눈도 뜨지 모~ㅅ해요"

어찌해야 좋을지 몰라 허둥대는 엄마의 숨넘어가는 소리였다. 뭔가 잘못되고 있었다. 지푸라기라도 잡고 싶은 심정으로 전화를 걸어왔지만 나에게 무슨 뾰족한 수가 있는 것은 아니었다. 아이가 회복되기를 간절히 바라는, 마음 졸이는 며칠이 흘러갔다. 다만 기적이 일어나길 기도할 뿐이었다.

"ㅅ~선생님, 우리 아기 하늘나라에 갔어요."

끝내 엄마의 입에서 나온 외마디는 절규였다. 엄마는 외마디 절규를 울음으로 쏟아내며 말을 잇지 못했다. 어떤 말이 자식 잃은 부모에게 위로가 될까. 자식을 잃은 슬픔은 여느 부모와 똑같이 슬프고 아픈 것이었다. 20여 년 근무 내내 아이의 죽음은 나에게도 처음이었다. 이토록 나 자신이 무능하고 무력하구나 싶으니 깊은 자괴감이 파고들었다. 어떤 위로

의 말도 찾지 못한 채 나도 아이 엄마 옆에서 같이 펑펑 울 수밖에 없었다. 아이를 잃은 슬픔은 나에게도 상처로 남았다.

그해, 낙엽이 뒹구르는 가을이 오자 바쁜 일상으로 아이를 잃은 자괴감은 점점 옅어지고 있었다. 그 가족 이외에도 내가 돌보아야 할 사람들이 많았다. 그것은 나의 무능함에 대한 회의도 나에게서 멀어지고 있다는 의미였다. 비록 내가 유능했더라도 하늘에 매인 목숨을 내가 어쩌지 못했을 거라는 '순응'으로, 나 나름대로 최선을 다한 삶이었다는 자족으로 바뀌고 있을 즈음, 날벼락 치는 일이 생겼다.

"ㅅ~ 선생님, 저 생리가 없어요."

"예? 무슨 말씀이예요. 분명히 3년 전 난관 수술을 하셨잖아요."

그의 말은 넷째를 임신하였다는 것이다.

사실, 아이 엄마는 약간의 지체장애가 있었다. 부부가 함께 지체장애가 있다 보니 모든 것이 서툴고 부족했다. 아이들이 학교 가야 할 시간에 부부는 사랑을 나누느라 아이들이 필요한 책가방이나 우산을 제대로 챙겨주지 못했다. 아이들에 대한 마음만은 여느 부부와 똑같았지만 그 마음을 표현하고 실천하는 데에는 분명 한계가 있었다.

부부의 열심 있는 사랑으로 세 아이를 낳았지만 다 장애가 있었다. 나는 고민 끝에 가족계획을 아이 아빠와 상의했다. 하지만 본인은 몸이 아프다는 이유로 거절하여 결국 부인이 난관 수술을 받게 되었던 것이다.

순간, 이것이 무슨 의미일까 의아했다. 하나님이 이 가정을 축복하시는 것일까.

셋째가 뱀에 물려 세상을 떠난 상황에서 넷째를 임신했으니 여느 가정 같으면 분명 축복이었다. 하지만 이 가정은 일부러 가족계획을 위해 난관수술을 받게 하지 않았던가.

여러 가지 생각들이 나를 혼란하게 하였다. 하지만 결국, 행복과 불행 그리고 정상과 비정상을 구분 짓고 있는 나 자신을 발견하였다. 정상과 비정상, 행복과 불행의 그 잣대는 무엇이란 말인가. 누가 그 잣대를 임의대로 정할 수 있단 말인가. 아기가 어떠하든 생명은 다 귀한 것이며 삶을 살아갈 권리가 있는 것이다.

딸을 잃은 슬픔에 빠진 부부를 신은 불쌍히 여기고 이 가정에 새로운 생명의 탄생을 허락하신 것이다. 딸만 셋이었던 부부는 얼마나 아들을 낳고 싶었는지 셋째를 사내아이 이름으로 지어 불렀다. 태어난 아이는 바로 아들이었!

미역 하나 들고 축하 겸 가정방문을 갔다. 살포시 다문 입술과 고운 살결, 편안하게 잠든 모습이 천사처럼 예쁘다. 어쩌면 이 가정에 천사를 보낸 것인지도 몰랐다.

　슬픔에 잠긴 부부에겐 진정한 위로요 기쁨이었다. 아기를 바라보는 엄마와 아빠의 눈에서 사랑과 행복의 꿀이 뚝뚝 떨어지고 있었다. 이 가정도 충분히 행복할 권리가 있다는 것을 새삼 느끼는 순간이었다. 우리의 것은 아무것도 없다. 모든 것은 천상의 선물이지 않은가.

A Gift from Heaven

"D-doctor, our th-third baby has been crying for s-several days for no apparent reason. She should be exhausted by now, but she's still crying her heart out. W-what should I do? I think she's really in a lot of pain."

The halting voice on the other end of the phone wavered, clouded like fog with worry for her sick daughter. I calmly instructed her to take the child to the hospital as soon as possible. After all, I couldn't drop everything and rush over just because a child was ill.

Early on Monday morning, the phone rang again. The mother said the child had been treated at the hospital for what appeared to be a bee sting, but she was still crying. The urgency in the mother's voice was palpable. For a brief moment, a thought crossed my mind could it be a snake bite? If so, time was critical. My hunch was right.

More than a week had passed since the child was admitted to the hospital when news arrived that she was slowly improving. The heaviness in my heart began to lift, and it felt like rays of hope were breaking through. Unlike their usual route, the father and the child had taken a walk along a rice paddy path to visit the grandmother's house, about twenty minutes away. It seems the child was bitten by a snake while passing through the thick, overgrown grass.

Before I could even let out a full sigh of relief, thinking recovery was underway:

"D-doctor W-w-what do I do? Her urine is bright red! She c-can't even open her eyes!"

The mother's panicked voice, gasping between sobs, betrayed her helplessness. Something was going terribly wrong. Grasping at straws, she called me, but there was nothing I could do to resolve it. All I could do was hope desperately and pray that the child would recover. The days passed in agonizing uncertainty, with nothing left but to pray for a miracle.

"D-doctor, my baby has gone to heaven." The words, when they finally came, were a cry of pure agony. The mother couldn't continue, her voice breaking with sobs. What words could possibly comfort a parent who has lost a child? The pain of losing a child was just as deep and agonizing for them as it would be for any parent. In over 20 years of working, this was the first time I had faced the death of a child. I felt so utterly powerless and inadequate, and an overwhelming sense of failure consumed me. Unable to find any words of consolation, I could only cry alongside the grieving mother. The sorrow of losing the child left a lasting scar on me as well.

That year, when autumn arrived and the leaves began to fall, the overwhelming guilt of losing that child began to fade as I became caught up in the daily grind. There were many others who needed my care besides that family. It also meant that the self-doubt born of my helplessness was slowly distancing itself from me. As my doubt began to turn into 'acceptance' that no matter how capable I was, I couldn't have changed a life bound by heaven's will and into contentment in the belief that I had done my best, a bolt from the blue struck.

"D-doctor, I haven't had my period."

"What? What do you mean?

But you had a tubal ligation three years ago!"

She told me she was pregnant with her fourth child.

Actually, the mother had a slight intellectual disability. Her husband did too, which made everything they do clumsy and insufficient. They would sometimes be so caught up in each other that, while they shared love, they'd forget to properly pack their children's school bags or umbrellas. Their hearts for their children were as full as any other parent's, but they struggled to express and act on that love.

Driven by their devoted love, the couple had three children, but all were born with disabilities. After much deliberation, I discussed family planning with the father.

However, he refused, citing poor health, and in the end, his wife underwent a tubal ligation.

At that moment, I wondered what this all meant. Was God blessing this family? After losing their third child to a snakebite, this pregnancy might seem like a blessing in any other family. But hadn't this family deliberately undergone a tubal ligation for family planning?

Confusion overtook me. But in the end, I realized I had been the one defining happiness and sorrow, normal and abnormal. What truly defines normal and abnormal, happiness and misfortune? Who has the right to set such arbitrary boundaries? Regardless of the child, every life is precious, and every life has the right to exist.

God had taken pity on the grieving couple and granted them a new life. The couple, who had three daughters, had always wanted a son so much that they had given their third daughter a boy's name. And now, the child they had conceived turned out to be a boy.

I visited them to congratulate them, bringing a package of seaweed as a gift. The baby, with his lightly closed lips and smooth skin, sleeping peacefully, was beautiful as an angel. Perhaps this child was truly an angel sent to this family.

To the couple still mourning their daughter, he was a source of true comfort and joy. Love and happiness sparkled in their eyes as they looked at their son. In that moment, I realized anew that this family, too, had the right to be happy. Nothing truly belongs to us. Everything is a gift from heaven, after all.

백년지대계를 꿈꾸며

"부지만 마련되면 23 보건진료소 중 건물을 제1호로 새로 지어 주겠습니다"

군수님의 말씀이었다. 10년이면 강산도 변한다더니 보건진료소 환경이 좀 더 좋아졌으면 하는 나의 간절한 바램이 드디어 실현되는 순간이었다. 감사한 마음을 어떻게 할지 주체치 못해 흥분이 가라앉지 않았다. 이곳에 부임한 지 꼭 10년 만이었다. 생각지도 못했는데 운영협의회 위원들이 매주 토요일 군수와의 대화시간에 깜짝 방문해서 새로 지어 달라고 했던 것이다. 운영협의회 위원들도 좋아 어쩔 줄 몰라 하셨다.

하지만 부지 마련을 위해 여러 가지 방안이 논의되었지만 쉽지만은 않았다. 나중에는 초등학교 근처의 종중 땅이 거론되었다. 나는 보다 못해 학교 선생님을 찾아가 백년지대계百年之大計를 부르짖으며 하소연하였다. 하지만 결정은 지연되고 시간만 흘러가고 있었다.

여름방학이 시작되고 출장 갔다 오는 길에 교통사고가 났다. 잠깐 의식을 잃어 누군가의 도움을 받아 봉고차로 병원 응급실에 이송되었다. 응급실에 도착한 나를 후배가 발견하고 제발 하루만이라도 입원해서 치료를 받으라고 극구 권했다. 그런데 입원한 첫날부터 천정이 거꾸로 빙빙 돌고 어지럽고 눈을 뜰 수가 없어 하루만 입원하려던 생각은 일주일을 넘어가고 있었다. 결국 나는 일주일이 지나도 차도가 없어 3주 후에나 퇴원하게 되었다.

부지 마련을 위해 처음엔 운영위원들이 관할 지역의 7개 마을에서 일백만 원씩 내기로 하였으나 내가 입원하고 없는 사이 운영위원들이 여기저기 찾아다니며 애를 쓰고 노력하였지만 뾰족한 수가 없어 군수를 다시 찾아가 지역 사정을 설명하며 도움을 구한 것이다.

IMF가 와서 주민들 생활이 넉넉지 않다며 면장, 보건소장과 협의 끝에 240여 평의 종중 땅 부지로 결정이 되었고, 종중에서 요구하는 부지 비용 일천만 원도 해결이 되었다. 거기에 건축비 1억6천8백만 원까지 최종결정이 났다.

보건진료소의 아침은 바쁘지 않은 날이 별로 없다. 농촌의 특성상 새벽 이른 시간부터 하루가 시작된다. 정말 잘해 보려고 안간힘을 썼지만 내가 출장 가기만 해도, 혼자 근무하는 특별한 상황이라, 관할 주민들의 민원이 끊이질 않았다. 민원 처리에 골머리를 앓아야 했다. 특별히 '아침 일찍부터 업무를 시작해 달라'는 요구가 끊이질 않았다. 내가 뭐라고 잠도 주무시지 못하고 새벽 2시부터 걸어와서 나를 만나기 위해 보건진료소 문을 두드리고 쭈그리고 앉아 계셨다.

아침밥을 해서 식구들을 챙기기는커녕 허구한 날 아침밥을 굶은 채 결국 아침 7시 30분부터 근무를 시작했다.

어느 날 아침 6시에 바깥에서 빨래를 너는 사이, 할머니 한 분이 진료실에서 기다리고 계셨다. 하다 하다 안 되니 남편이 처음으로 할머니께 기다려달라며 언제까지 이렇게 살 거냐며 내 손을 잡고 제발 밥 먹고 일을 하라고 다그쳤다. 얼마나 편찮으셨으면 이른 새벽에 오셨을까? 난 좌불안석이 되어 혼란스러웠다. 맘이 편치 않아 남편이 출근하기만 기다렸다가 밥도 먹는 둥 마는 둥 하고 진료실로 들어갔다. 밤새 술을 얼마나 마셨는지 술 냄새가 진동했다.

잊을만하면 할머니는 새벽도 마다하지 않고 술이 덜 깬 상태로 이른 새벽에 내소하곤 하셨다. 치료약이 문제가 아니었다.

하루는 생선 냄새가 너무 좋다고 하면서 밥 좀 달라고 하셨다. 80 평생 조기를 이렇게 튀겨서 처음 드셔본다고 하셨다. 밥을 차려 드리며 할머니의 집안의 여러 가지 상황을 알게 되었다. 술을 끊으면 식사도 잘할 수 있고 약도 필요 없게 된다고 온갖 설득을 하였다. 할머니는 처음엔 그러자고 했지만 매번 똑같은 상황을 만들어 내소하셨다. 그때마다 내 할머니라면, 내 가족이라면 어떤 게 최선일까를 수도 없이 고민했다. 몇 번을 반복했을까?

어느 날부터 할머니의 태도가 바뀌기 시작했다. 빈속에 술 먹지 말기의 약속을 지키시더니 드디어 금주에까지 성공하기에 이르렀다. 할머니는 관할 지역의 금주 실천하기의 롤 모델이 되었다. 고령에도 불구하고 할머니는 일을 곧잘 하셨는데 밭을 오가며 호박잎, 상추, 고추를 따다 주시며 고마움을 표현하시곤 했다. 할머니의 아들도 친정아버지처럼 초등학교 교사였다.

그러던 어느 해에 나의 근무지인 관할 지역 학교로 할머니의 아들이 발령받아 왔다. 반가움도 잠시 그해 선생님이 '간암'이라는 건강검진 결과가 나왔다. 서울을 오가며 그 힘든 항암치료를 수도 없이 받았다. 선생님은 간암 치료를 받으면서 뭔가 결심을 하신 것 같았다. 당신이 먼저 종중에서 요구하는 토지금액을 대납해주셨다. 대대로 길이 남을 훌륭한 일을 실천하는 데 앞장서 주신 것이다.

　지금도 그 건물을 바라볼 때마다 선생님이 너무 보고 싶다고 그립고 한편으로 그때 감사한 마음을 제대로 표현하지 못해 아쉽기만 하다. 20년이 훌쩍 지났지만 지면으로나마 백년지대계를 위해 헌신하신 선생님과 땅을 내주신 종중에 감사하다는 말씀을 다시 한번 드린다.

Dreaming of a Century-Long Legacy

"Once the land is secured, we will make the first new building among the 23 public health clinics."

These were the words of the county governor. They say even landscapes change in a decade, and at last, my long-cherished hope of improving the clinic's environment was coming true. My heart was overflowing with gratitude, and I could hardly contain my excitement. It had been exactly ten years since I was first assigned here. I never expected it, but members of the clinic's operating committee had made a surprise visit during the governor's weekly Saturday meetings and petitioned for a new building. Their joy was as boundless as mine.

However, securing the land was no easy task despite numerous discussions exploring various options. Eventually, a piece of clan-owned land near the elementary school was considered. Unable to sit back and wait, I visited a teacher at the school, passionately advocating for the project with the belief that education and healthcare are both crucial pillars of a lasting foundation. Yet, decisions were delayed, and time slipped by.

Then, during the summer break, I got into a car accident while returning from a field visit. Losing consciousness for a moment, I was transported to the hospital's emergency room with the help of a passerby. A junior colleague who found me there pleaded with me to stay at least a day for treatment. However, from the first night of hospitalization, the ceiling seemed to spin, and I was so dizzy that I couldn't even open my eyes. My initial plan of staying just one day stretched into a week, and ultimately, I was discharged after three weeks due to the lack of improvement.

In my absence, the operating committee members tirelessly sought solutions, but they found no immediate breakthrough. Eventually, they revisited the county governor, explained the regional circumstances, and requested further assistance.

The economic downturn during the IMF crisis had left the residents struggling financially. After discussions with the township chief and the head of the health department, a decision was made to secure the 240-pyeong (approximately 794 square meters) of clan-owned land. The requested ten million won land fee was also resolved, along with the final approval of 168 million won for construction costs.

A morning without urgency was rare at the clinic. Life in a rural area begins at dawn, and despite my best efforts, I found myself constantly struggling to manage the workload alone. The frequent field visits meant that community complaints were unending, with persistent requests to start services even earlier.

Some residents, unable to sleep, would walk miles starting at 2 a.m., knocking on the clinic doors and waiting for me outside, curled up in the cold. I couldn't even prepare breakfast for my family and often skipped my own morning meals, beginning work at 7:30 a.m. instead.

One morning at 6 a.m., while I was hanging laundry outside, I found an elderly woman waiting inside the clinic. Seeing no other option, my husband, for the first time, urged her to wait and firmly asked how much longer we were going to live like that, insisting that I at least eat before working.

I couldn't sit still, wondering how much pain she must have been in to come so early. As soon as my husband left for work, I barely managed a few bites before rushing to the clinic. The smell of alcohol filled the air—she had clearly been drinking heavily the night before. This was not just about medicine.

One day, she commented on how delicious the smell of fried fish was and asked if she could have some. She told me that in her 80 years, she had never tasted fried yellow croaker. As I prepared a meal for her, I learned more about her circumstances. I gently explained that if she stopped drinking, she could eat well and might not even need medication. She agreed at first, but the cycle repeated—she would come in early in the morning, still half-drunk.

Each time, I wondered, "What if she were my grandmother? My family? What would be the best course of action?" This process repeated countless times. Then, one day, her attitude began to change. She started keeping her promise not to drink on an empty stomach, and eventually, she succeeded in quitting alcohol entirely. She became a role model for sobriety in the community. Despite her age, she remained active, often bringing me vegetables from her farm as a token of gratitude.

Her son, much like my father, was an elementary school teacher. One year, he was transferred to a school in my jurisdiction. The joy was short-lived – he was diagnosed with liver cancer. He endured grueling rounds of chemotherapy, frequently traveling back and forth to Seoul for treatment. Amidst his struggle, he made a firm decision: he personally covered the land fee demanded by the clan association. He took the lead in making a lasting contribution, ensuring that the clinic's new building would become a reality.

Even now, whenever I look at that building, I miss him dearly. I regret not being able to express my gratitude more fully. Though twenty years have passed, I would like to take this moment to extend my deepest thanks to the teacher who dedicated himself to this cause and to the clan members who donated their land. Their generosity and sacrifice laid the foundation for a healthier future for generations to come.

천생연분과
닥터 지바고

2부

천생연분과 닥터 지바고

1989년 4월 분만휴가도 끝나지 않고 태어난 지 한 달도 안 된 딸을 데리고 다른 보건진료소로 발령받았다. 전에 근무하던 대학동기가 "나 사표 낼 건데, 네가 와서 잘해 줬으면 좋겠어"라고 하여 인사이동을 희망했다.

근무하고 있던 곳보다 인구도 많고 내소자도 많아 아기를 키우며 직장생활을 하기엔 무리일 것 같아 사실 난 내키지 않았지만 남편이 발령받으면 다 도와주겠다고 하였다. 결국 친정엄마가 출퇴근하며 손녀를 봐 주기로 하여 최종결정을 내렸다.

백혈병 어린이 발견 후 3년쯤 지났을까? 내소자는 너무 많고 난 공부에 목말라 있었다. 불규칙적인 생활이 나를 너무 힘들게 한다는 생각이 들었다. 매일 내소자는 넘쳐났고 주민들은 백혈병 어린이 발견 이후 이른 아침부터 저녁 밤늦게까지 근무 시간도 지켜주지 않았다. 점심시간은 고사하고 휴일도 잊은 채 보건진료소의 문을 두드렸다. 매일의 일상이 너무 고달프고 힘들기만 했다. 그래서 이 상황에서 벗어나고 싶어 공부와 이직을 생각하고 있었다. 사실 난 대학생 때 나 자신과 교수님께 약속한 게 있었다. 4.0 만점으로 졸업 못 하면 수단과 방법을 가리지 않고 편입해서라도 꼭 학사학위를 받고 석·박사를 하겠노라고….

그런데 이번엔 내소자 중 한 명이 신장이 양쪽 모두 망가져 더 이상 기능을 할 수 없단다. 백혈병 어린이 치료에 온 맘과 정성을 다했는데 ….

고혈압 치료를 제대로 하지 않아 합병증이 생겼다. 혈압약을 환자 마음대로 먹다 말다 했단다. 콩팥을 제공해 줄 제공자를 구했지만 생각처럼 되지 않았다. 여러 사람의 검사 끝에 환자의 남편 검사 결과가 가장 이상적이라고 나왔단다. 그래서 남편의 신장 한쪽을 부인에게 이식하는 아주 중요한 대수술이었다. 아무리 부부라 해도 이런 경우는 매우 드문 것으로 이 부부의 경우는 정말 천생연분일 수밖에 없다.

백혈병 어린이 때처럼 지역사회에 손을 내밀며 온정의 캠페인을 벌였다. 하지만 이번엔 역부족이었다. 어른이라서 그런지 동기유발이 잘 안 되었다.

신장 이식 수술하러 가기 전 환자 남편은 본인 손가락에

끼고 있던 금반지를 노모에게 빼주며 "어머니! 저 신발을 다시 신을 수 있을까요?" 했단다. 이 이야기만 나오면 난 할머니와 손을 붙잡고 매번 울음바다가 되곤 했었다. 그래도 소재지인 마을에서는 꽤 많은 애틋한 온정의 손길이 이어졌다.

 그다음은 내 차례다. 보건교육으로 이리 뛰고 저리 뛰고, 분기에 한 번씩 아주 작은 후원을 해주며 열심히 살아보자며 용기를 주었다. 그러던 중 10년 이상 근무자 인사이동으로 다른 지역으로 갔다. 그래도 꽤 여러 해까지 후원을 해 준 기억이 있다.

 신장 이식받은 후 일상생활 습관을 잘 지키고 고혈압 치료도 잘 받아야 하였다. 내가 다른 지역으로 발령 간 사이에 수술한 지 거의 9년 만에 들깨밭에서 들깨 모종을 하다가 쓰러져 119로 응급실로 갔단다. 그게 마지막이었단다. 신장 이식 수술 후 10년도 못 채운 채 하늘나라 아버지 품으로 가셨단다. 아직도 노모(98세)는 살아있지만 천생연분인 부인은 이제 이 세상에 없다.

 이때 깨달았다. 어떤 수술이든 수술했다고, 수술이 잘되었다고 평생을 보장받지는 못한다는 것을… 일상생활 습관들을 잘 지켜야만 10년, 20년, 30을 건강하게 잘 살 수 있다는 것을, 그리고 정말로 일상생활 습관들을 지키지 않으면 안 된다는 것들을….

본인들 스스로 일상생활 습관을 지키고(지) 바꾸고(바) 고치며(고) 살아야 한다는 사실을, 이때부터 "닥•터•지•바•고!!!"를 정신없이 외쳤던 것 같다.

보건진료소 약은 그 당시 68종으로 정해져 있는데 무조건 낫게 해달라는데 막상 내소자 본인들은 일상생활은 엉망이다. 이런 일련의 일들을 매일 혼자 교육하고 홍보하고 치료해 드려도 일상에서 제대로 좋은 생활습관을 지키지 않으니 치료도 잘 안 되고 참 힘들었다. 그리고 휴일엔 병원으로 가야 된다고 아무리 이야기해도 보건진료소 문만 두드리셨다. 민원은 왜 그리 많이 넣는지, 교육만 가도 민원, 출장만 가도 민원, 민원, 민원…

가장 이상적인 치료란 치료해 주는 사람과 치료받는 사람과 약과 정성의 합이 잘 맞을 때라고 생각한다. 닥•터•지•바•고!!! 를 주장하고 싶다.

(닥) 닥치는 대로 살지 말고,
(터) 터주님처럼 고집부리지 말고,
(지) 지키고,
(바) 바꾸고,
(고) 고치며, 열심히 노력해야 건강하다.

닥·터·지·바·고 사랑합니다!
닥·터·지·바·고 존경합니다!
우리 모두 닥·터·지·바·고를 실천해요!

A Fateful Pair and DD K CC

In April 1989, before my maternity leave even ended, I was assigned to a different health clinic, taking my daughter–who was less than a month old–with me. A former college classmate of mine had said, "I'm going to resign, and I hope you'll come take over and do well." so I hoped for a transfer.

The new location had a larger population and more inmates than where I had been working, making it difficult to juggle work and raising a baby. To be honest, I wasn't keen on the move, but my husband assured me that if I got transferred, he would help with everything. In the end, my mother agreed to commute and take care of our daughter, which led us to make the final decision.

About three years after discovering the child with

leukemia, the situation grew even more overwhelming. The number of patients was far too high, and I was craving more study and learning. The irregular work schedule was wearing me down. Every day, the clinic was overflowing with patients, and residents, ever since the leukemia case had been discovered, would show up early in the morning and stay well past closing time. Even during lunch breaks, I couldn't rest, and weekends were no exception. Every day felt exhausting and relentless. I began to long for a way out–considering further study or even changing jobs.

The truth is, I had made a promise to myself and to my professors back when I was in college. I had vowed that if I couldn't graduate with a 4.0 GPA, I would find a way to transfer and earn my bachelor's degree, then pursue my master's and doctorate no matter what.

Then, one day, a patient of the clinic, one of the residents, was diagnosed with kidney failure–both kidneys had ceased to function. After giving everything I had to care for the child with leukemia, now this... It turned out that high blood pressure had not been treated properly, leading to complications. The patient had been taking their blood pressure medication sporadically. Though a donor was sought, things didn't go as planned. After many tests, the results showed that the patient's husband had the most compatible match for a kidney donation. So, they decided to go ahead with the crucial surgery to transplant one of his kidneys to his wife. It was a rare case of a couple where both were so deeply connected-they were truly a fateful pair.

Like the leukemia case, I tried to organize a campaign to raise funds and gather support within the community. But this time, it was harder to motivate people. Perhaps it was because they were adults, or maybe they just weren't as responsive.

Before the surgery, the patient's husband removed his gold ring from his finger and gave it to his elderly mother, asking, "Mother, will I ever be able to wear these shoes again?" Every time I hear that story, I'm moved to tears, holding the grandmother's hand, crying along. Despite everything, there were still many compassionate hands reaching out within the village.

After that, it was my turn. I worked tirelessly, offering health education and small donations every quarter, always encouraging people to live better. Years passed, and after over ten years of service, I was transferred to another area. Even after I left, I continued to support for a number of years.

After the kidney transplant, the patient was supposed to follow a strict daily routine and manage their hypertension. But nearly nine years later, after my transfer, the patient collapsed while planting perilla seedlings in a field. They were rushed to the emergency room, but that was the last time. Less than ten years after the transplant, the patient passed away. Their mother, 98 years old, is still alive, but the fateful wife is no longer with us.

That was when I realized something profound: no matter how successful a surgery may be, it does not guarantee a lifetime of health. It is only by maintaining good daily habits that one can live healthy for ten, twenty, or even thirty years. If we don't follow those habits, there are real consequences.

From that point on, I understood that it was vital to not only maintain daily habits but also to change and correct them when necessary. This is why I began to repeatedly chant "DD K CC"

The health clinic had a fixed list of 68 medications, but patients would still ask for quick fixes. Unfortunately, many of them had chaotic lifestyles. Despite my efforts to educate and treat them, their poor habits made it difficult for treatments to be effective. Even when I advised them to go to the hospital on weekends, they would only knock on the clinic door. Complaints and grievances piled up-every time I went out for education or even just a field trip, I faced more and more complaints.

I truly believe that the most ideal treatment occurs when there is harmony between the healthcare provider, the patient, the medicine, and the care given. This is why I want to advocate for "DD. K. CC!!!"

- (D) Don't live recklessly,
- (D) Don't be stubborn like an aristocrat,
- (K) Keep good habits,
- (C) Change what needs to be changed,
- (C) Correct what needs to be fixed,

and live with effort and determination to stay healthy.

DD K CC, I love you!

DD K CC I respect you!

Let's all practice DD K CC

잉꼬부부

_소화불량과 폐암 사이

사랑도 삶의 무게 앞에서는 스러질 수밖에 없는가. 백마를 타고 왔던 왕자도 삶의 덧없음 앞에 무릎을 꿇는 것일까.

한 여성분은 참 멋지고 사랑을 많이 받고 사는 게 여실히 보였다. 남편과 무엇이든지 상의하는 게 눈에 띄었다. 정말 보기에도 너무 사이좋고 잉꼬부부라는 게 느껴졌다. 보건진료소에 내소할 때도 남편이 꼭 동행하고, 많이 기다려야 하면 다시 꼭 데리러 와 주었다.

그녀는 가끔 소화불량을 호소하며 소화제를 요구했다. 다른 집 대비 좀 더 자주 소화제가 필요하다며 내소했다. 다른 가정은 일 년에 1~2회 정도 내소하는데 비해 이 가정은 4~5회 정도 내소했다. 혈압이나 당뇨 등 다른 특별한 이상은 없었다. 소화제를 혼자 다 먹는 거 맞냐고 물었다. 아니란다. 가끔 과식한 손님도 주었고, 온 가족이 먹었다고 해서 그나마 안심했다. 그리고 다른 손님과 약을 공용하는 것도 주의를 주었다.

그러던 어느 날 감기를 주 호소로 내소했다. 38.9도의 고열로 감기몸살을 아주 심하게 앓았다. 열이 계속되면 내일 한 번 더 오겠다고 했다. 그런데 2~3일이 지나도 오지 않았다. 전화를 걸어 보았다. 처음엔 도시에 있는 병원에서 치료도 받고 수액도 맞고 많이 회복되었다고 했다. 그런데 갑자기 열이 다시 올라 종합병원에 입원해 조직검사를 받았다는 소문이 들렸다. 주민들은 나한테 암이죠? 하면서 무슨 암이냐고 다그쳤다. 그동안 소화제를 몇 회 요구했다고 40대 중반 한창인 나인데 암이라니…. 이만저만 충격이 아니었다. 처음엔 단순 몸살감기인 줄만 알았다. 만약에 암이라면 소화가 잘 안 되었으니 위암? 아니면 간암? 열이 있는 상태에서 수액을 맞았고 열이 내리는가 싶더니 다시 오르며 늑막에 물이 찼다. 거기에 조직검사가 필요했고 그 결과가 폐암이었다. 그땐 그냥 인생이 너무 허망하게 느껴졌다. 소화제를 요구할 때 가끔 남편이 늦게 데리러 올 때 과거력을 알게 되었다. 결혼 전 미스 때 결핵을 앓았다고 했다. 그리고 결혼해서는 병아리 부화장에서 남편과 함께 분변 치우는 일을 7년 정도 해 다른 집보다 경제적으로 윤택하고 먹고 살 만하다고 했던 기억이 났다.

결핵을 앓았는데 분진이 많은 곳에서 일한 것만 문제였을까? 45세에 남성도 아닌 여성이 폐암이라니…, 흡연도 하지 않는 분인데 전혀 믿어지지 않았다. 남편의 간접흡연도 한몫했을까? 이때부터 간접흡연도 안 된다며 간염 보균자, 결핵을 앓거나 결핵을 앓은 기왕력이 있는 분에게는 금주 금연 사업에 더욱 동참하도록 열과 성을 다했다.

그분의 남편은 폐암 치료를 받을 때 무슨 일이든 상담하러 오겠다고 약속하셨다. 갖고 있는 논과 밭을 전부 팔아서라도 부인의 치료를 꼭 성공시켜 행복하게 살겠다는 약속도 함께 하셨다. 항암치료를 받을 때마다 상담해 오셨다. 1~2차 항암치료가 잘 끝났고 3차 항암치료도 끝나고 4차 항암치료를 할 때였다. 딸기를 출하할 때라 바빠서 항암치료 시기를 미뤘다고 했다. 순간 아차 싶었다. 그때 나의 좁은 소견으로 다른 곳으로 전이 되는 건 아닐까? 하는 걱정이 앞섰다. 그러던 어느 날 식은땀을 옷이 젖어서 쥐어짤 정도로 흘린다는 상담을 하셨다. 어느 부분이 심한지 물어보니 좌측 머리 부분, 허리 부분이 그렇다고 했다. 다음 항암 치료하러 갈 때는 꼭 의사 선생님한테 상담을 잘 받고 검사 해 볼 것을 권장했다. 항암 5차 때 검사하게 되었고 나의 걱정은 현실이 되었다. 뇌와 허리에 전이가 된 것이다. 소고기를 사가 건네며 위로해 봤지만, 그깟 소고기가 대수랴.

폐암은 예후가 그리 썩 좋은 편이 아니다. 이미 발견되면 최소 2기~3기는 족히 된다. 밤에 화장실에 갈 때 허리가 아파 남편이 허리를 받쳐 일으켜 세울 때 비를 맞은 것처럼 땀이 범벅이 되곤 했다는 것이다.

농촌 현실은 그렇다. 막상 논밭을 모두 팔아 치료에 전념한다고는 했지만 전혀 그럴 수가 없는 실정이다. 형제들이 가끔 와서 도와주는 것도 한계가 있어 보였다. 요기까지만 조기까지만 해야지 하다 보면 깜깜할 때가 되어서야 집으로 돌아간다. 집에선 부인의 할 일이 더 많다. 남편들은 허기가 지니 빨리 밥을 달라, 안아 달라며 재촉만 해댄다.

눈을 감아 본다. 아버지도 그랬다. 엄마 치맛자락만 졸졸 쫓아다녔다. 뒷짐 지고 쫓아다니던 아버지의 모습이 선연하다. 비가 부슬부슬 내리는 오늘따라 돌아가신 아버지가 너무 그립도록 사무친다.

Between Indigestion and Lung Cancer

Is love destined to wither under the weight of life? Must even the prince on a white horse kneel before the fleeting nature of existence?

The woman was truly admirable, and it was evident that she was deeply loved. She discussed everything with her husband, and anyone could see that they were a devoted couple. Even when she visited the health clinic, her husband always accompanied her. If she had to wait long, he would make sure to come back and pick her up.

She occasionally complained of indigestion and requested digestive medicine. Compared to other households, she needed it more frequently. While most families visited the clinic once or twice a year, she came about four to five times. There were no signs of high blood pressure, diabetes, or any other particular health issues. When I asked if she was taking all the medicine herself, she said no – sometimes she shared it with guests who had overeaten, and her whole family took it as well. That was somewhat reassuring, though I still warned her about sharing medication with others.

Then, one day, she came in with a severe cold. She had a high fever of 38.9°C and was suffering from flu-like symptoms. She said she would return the next day if the fever persisted. But two or three days passed, and she didn't come back. Concerned, I called her. At first, she told me she had received treatment at a city hospital, had an IV drip, and was feeling much better. But soon after, I heard rumors that her fever had returned, and she had been admitted to a general hospital for a biopsy.

Residents started pressing me with questions: "It's cancer, isn't it? What kind of cancer is it?" The thought was shocking – she had only asked for digestive medicine a few times, and she was still in her mid-40s, in the prime of her life. Initially, I had assumed it was just the flu. If it was cancer, was it stomach cancer, since she had been having digestive issues? Or liver cancer? She had received IV fluids while running a fever, and though her fever briefly subsided, it spiked again, and fluid accumulated in her pleura. A biopsy was necessary, and the diagnosis was lung cancer.

At that moment, life felt incredibly unfair. I recalled how, when she had asked for digestive medicine, her husband was sometimes late picking her up, and I had learned about her medical history. Before marriage, she had suffered from tuberculosis. After getting married, she and her husband had worked for about seven years in a chick hatchery, cleaning up droppings. Thanks to their hard work, they were financially stable compared to other families.

Could working in a dusty environment have worsened her condition after having tuberculosis? A 45-year-old woman-who wasn't even a smoker-having lung cancer was hard to believe. Had her husband's secondhand smoke played a role? From that moment on, I became even more committed to advocating against secondhand smoke. I worked tirelessly to encourage those with a history of hepatitis, tuberculosis, or past tuberculosis infections to participate in smoking and drinking cessation programs.

Her husband promised to consult me throughout her lung cancer treatment. He also vowed to do whatever it took to save her—even if it meant selling all their farmland – so they could live happily together. He continued to seek advice throughout her chemotherapy. The first and second rounds of treatment went well, and she successfully completed the third. But when it was time for the fourth round, he told me they had postponed it because they were busy with the strawberry harvest.

At that moment, I felt an uneasy pang of regret. What if the delay allowed the cancer to spread? Then, one day, he came to me, saying she was sweating so profusely that her clothes were drenched, as if wrung out. When I asked where it was worst, he pointed to the left side of her head and her lower back. I urged him to make sure she got examined at her next chemotherapy session.

By the fifth round, she underwent further tests, and my worst fears came true. The cancer had metastasized to her brain and spine. I bought some beef to bring to them as a small gesture of comfort, but what difference could it really make?

Lung cancer doesn't have a particularly good prognosis. By the time it's discovered, it's usually already at stage 2 or 3. Her husband told me that at night, when she tried to go to the bathroom, her back hurt so much that he had to lift her up. As soon as he did, she would break into a cold sweat, as if she had been caught in the rain.

That's the reality of rural life. He had said he would sell everything to focus on her treatment, but in truth, that was impossible. Her siblings visited to help from time to time, but there were limits to what they could do. "Just a little more, just a little more," they would tell themselves, and before they knew it, the sky was dark.

And at home, the wife's work never ended. The husbands, hungry after a long day, would demand food, ask to be held, impatiently waiting for their wives to tend to them.

I close my eyes. My father was the same. He followed my mother around, never leaving her side. I can still picture him, hands clasped behind his back, trailing after her. Today, as the drizzle falls, the longing for my late father cuts deeper than ever.

청양고추

"소장님! 기분 나쁘게 살짝 어지럽고, 배가 살살 아파요. 주사 한 대만 맞으면 금방 나을 것 같아요"

순식간에 머리가 복잡해지며 평소 염두에 두고 있던 대로 최선을 다해 봐야지 하는 마음만 다졌다.

교통수단이 귀한 시절에는 비포장도로가 꽤 많았다. 하루에 큰길까지 10회 정도로 버스가 운행되었지만 이 마을엔 5~6회 정도만 운행되었다. 그래서 소재지에 있는 진료소나 농협에 볼일이 있으면 소달구지를 타고 오는 내외분이 있었다. 그 부부를 일명 '마차부부'라고 했다. 그런 마차언니가 한동안 보이지 않았는데 언니에게 엄청난 아픔과 시련이 있었다고 한다. 타지역에 살고 있던 큰아들을 결혼 후 한 달 만에 급성백혈병으로 잃었다는 것이다. 시어머니를 극진히 모시고 살겠다고 하는 며느리도 친정으로 돌려보냈다.

조금 한가한 오후에 출입문이 드르륵 하고 열렸다. 요즘 배가 살살 자주 아팠다고 하며 70대 전후 노인이 들어왔다. 그런데 동네 언니들이 평소 수군거리며 그 집에 가면 음식이 '너무 맵고 너무 짜다며 다음에 진료받으러 오면 진찰을 꼭 잘해 보라'는 부탁이 여러 번 있던 일명 마차 언니가 내소한 것이다

혈압을 재니 고혈압으로 치료대상자다. 상복부 통증은 별로 심하지 않았다. 그런데 왼쪽 하복부를 촉진하는데 뭔가 딱딱한 혹이 만져졌다. 직경 3~4cm는 족히 되었다. 누를 땐 아프지만 손을 뗄 때는 통증이 심하지 않았고, 오른쪽 맥버니 포인트의 압통, 일명 충수돌기염 시 나타나는 전형적인 통증 호소도 전혀 없었다.

마차언니의 평소 식습관이 궁금해졌다. 주로 좋아하는 기호 식품을 물어봤다. 언니는 대수롭지 않게 청양고추 5개만 있으면 밥 한 그릇 뚝딱이야, 다른 건 필요 없어! 청양고추만 있으면 돼! 그리고는 청양고추만으로 고추장을 만들어 먹고 있는데 얼마나 맛있는지 몰라, 소장도 한 사발 갖다 줄까?

어떻게 설명해야 최대한 빨리 진료를 받게 할까? 오늘의 사태가 온갖 스트레스로 이렇게 되었구나 하는 생각이 들어 고민 끝에 의뢰서를 써 주기로 했다. 마차언니는 의뢰서를 받아 들고 네다섯 번 이상 출입문을 열었다 닫았다를 반복하며,

출입문을 붙잡고 주사 딱 한대만 놓아 달라며 애원했다. 그러면서 나 아직 조금 더 살아야 해. 아직까지 손주를 못 봤어 했다. 그런 마차언니를 고혈압도 치료해야 한다고 갖은 설득을 하여 작은 병원보다 꼭 큰 병원에 가서 검사해야 한다며 보냈다.

어느 날 수화기 너머로 "소장님!, 나여" 하며 한 통의 전화가 왔는데 처음엔 누군지 잘 몰랐다. 감이 멀어서 그런지 낯선 목소리였다. 그때 '나 큰 병원으로…' 하는데 그제야 목소리의 주인공이 누군지 잠시 잊고 있던 기억이 새록새록 떠올랐다

청주에 있는 병원에서 검사하고 수술하려고 했는데 아들이 강원도에 살고 있어 수술 날짜도 정해 놓았다가 강원도에 가서 대장암 수술을 받고 퇴원 후 전화를 한 것이다.

살려줘서 고맙다고 하며 어느 날 찾아왔다. 들기름을 아주 큰 병에 가득 담아다 주셨다. 지금까지 혈압도 치료 잘 받고 있고, 고마움을 잊을 수가 없다 하면서 그때 가서 검사받길 참 잘했다고 하셨다.

공무원으로 38년 가까이 일한 후 퇴직 후, 요즘 가정간호사로 일하면서 다시 만났다. 갖은 간식을 내어주며 그때 일을 회상하며 이야기꽃을 피운다. 그때마다 좀 더 싱겁게, 좀

더 덜 매운 식이요법을 권장하지만 여전히 짭자롬하고 매콤한 맛은 떨치기 어렵다고 하신다.

몇 년 전에는 관절연골이 모두 닳아 양쪽 무릎도 수술하여 걸음걸이도 매우 불편해 뒤뚱뒤뚱 기우뚱하며 오리걸음으로 다니신다. 그러면서도 운전 조심해! 눈이나 비 오면 오지 말고! 하며 내 걱정을 더 많이 하신다. 친정엄마처럼.

마차언니를 볼 때마다 짠하고, 가슴이 시리고, 안타까운 마음이 드는 건 무슨 심정일까? 마차언니가 한 말이 내 가슴 한켠에 고이고이 접혀있기 때문일까? 그때 분명 아들 3명 중 대를 이을 자녀가 아무도 없다고 했는데 결혼 후 급성백혈병으로 잃은 자녀도 있고, 아직 결혼도 안 한 자녀도 있고…. 이제는 전혀 기대할 수가 없기 때문에 이렇게 내 마음이 아린 것일까?

Cheongyang Chili Peppers

Director! I feel a little lightheaded and have a dull stomachache. I think I'll feel better if I can just get an injection. Suddenly, my mind felt cluttered, and I could only resolve to do my best, as I had always intended.

In the days when transportation was scarce, many roads remained unpaved. Though buses operated around 10 times a day along the main road, only 5 or 6 of those came through our village. So, when a couple needed to visit the clinic or the agricultural cooperative in town, they often came by ox cart. We affectionately called them the 'Cart Couple'. But I hadn't seen the wife, Cart Sister, for some time. I later learned that she had gone through an overwhelming hardship. Her eldest son, who had recently married, passed away from acute leukemia just a month after the wedding. She had even sent her daughter-in-law, who had pledged to care for her with utmost devotion, back to the daughter-in-law's family.

One quiet afternoon, the clinic's door slid open. A woman in her 70s walked in, complaining that her stomach had been aching on and off lately. It was Cart Sister, whom the local women often gossiped about, repeatedly asking me to make sure to give her a thorough checkup the next time she came, as they always said the food at her house was too spicy and too salty whenever they visited.

When I measured her blood pressure, it was high, indicating she needed treatment. Her upper abdomen didn't appear to be in much pain, but when I palpated her lower left abdomen, I felt a hard lump, roughly 3 to 4 centimeters in diameter. It seemed to hurt when I pressed on it, but pain lessened when I released the pressure. She exhibited no tenderness at McBurney's point on the right side, which is associated with a classic sign of appendicitis. I became curious about her diet, so

I asked her about her eating habits. She responded nonchalantly, As long as I have five Cheongyang chili peppers, I can finish a bowl of rice in no time nothing else needed! I make chili paste with just those peppers, and it's so delicious. Should I bring you some?

How could I convince her to seek a checkup as soon as possible? All the stress had surely brought her to this state, I thought. So after much deliberation, I decided to write her a referral. Cart Sister took the form, and after opening and closing the door four or five times, she stood holding the door frame, pleading for a single injection. "I still have to live a little longer. I haven't even seen my grandchildren yet" she said. With some persistent persuasion, I finally convinced her that, along with treating her high blood pressure, she needed to go to a larger hospital for proper testing.

One day, I received a call. Director, it's me, said the voice on the other end. At first, I didn't recognize the voice. The voice felt unfamiliar, perhaps because I couldn't quite place it. But then, when she mentioned, 'I went to the big hospital', memories of the person behind the voice, which I had briefly forgotten, came flooding back.

She had been examined and had scheduled surgery at a hospital in Cheongju, but since her son lived in Gangwon Province, she ended up having her colon cancer surgery there and called me after being discharged. She later visited me in person, bringing a huge bottle of perilla oil as a token of gratitude. She said that she was grateful for my help and that she had been receiving treatment for her high blood pressure as well. I' so glad I went for those tests back then, she told me.

After nearly 38 years as a public servant, I retired and met her again while now working as a home care nurse. Each time I visit, she offers me snacks and we reminisce about those times. I always suggest she follow a less salty, less spicy diet, but she admits that it's still hard to let go of the salty and spicy flavors she's accustomed to.

A few years ago, she had both knees replaced because her joint cartilage had completely worn out, and now she walks with great difficulty, swaying and waddling like a duck. Even so, 'Be careful driving! Don't come if it's snowy or rainy!' she is always more worried about me, just like my own mother.

What is this feeling a sense of pity, a pang in my chest, and a bittersweet sadness every time I see Cart Sister? Perhaps it's because what Cart Sister said has been carefully folded and tucked away in a corner of my heart. Back then, she had said that none of her three sons would carry on the family line. One had been lost to acute leukemia after his marriage, another had yet to marry ... Is it because there is no longer any hope that my heart aches this much?

은행털이

으악! 외마디 소리가 들렸다. 나뭇가지가 후두둑 부러졌다. 무언가 땅바닥에 쿵 하고 떨어지는 소리가 들린다. 깜짝 놀라 현관문을 열고 운동장 쪽으로 달려갔다. 오른쪽 쇄골뼈가 골절상을 당하여 웅크린 채 일어나지를 못한다. 가만히 살펴보니 학교에 근무하시는 분이었다. 학교 정원과 운동장 가에는 오래된 은행나무가 많다. 학교 아저씨는 은행과 은행잎을 한꺼번에 털어버리려고 나무에 올라간 것이다. 작업을 하던 중 발이 미끄러지면서 교정 둔덕으로 굴러떨어진 것이다.

어깨통증을 호소하며 진통제를 놓아 달란다. 옷을 젖히자 쇄골 부위가 커다랗게 불쑥 튀어나와 있다. 응급상황이다. 얼굴을 찡그리고 고통을 참는 모습이 너무도 안쓰러웠다. 쇄골 골절이 심해 119구급차를 불러 병원에 갈 상황이다. 아저씨는 괜찮을 거라며 병원 가는 걸 극구 거절한다. 하는 수 없이 진통제와 간단한 물리치료로 안정을 취해줬다.

다음 날 아침 병원이라며 연락이 왔다. 밤에 통증이 너무 심해 조카를 불러 입원했단다. 평소 술을 너무 좋아해서 금주치료를 위해 수도 없이 입·퇴원을 반복하는 분이다. 술을 끊겠다고 도움을 요청하여 맛있는 밥도 사주기도 하고, 때로는 라면도 끓여 주고, 간식도 챙겨 줘가며 온갖 정성을 쏟았다. 심지어 알콜리즘 치료를 위해 병가를 내어 쉬고, 휴직하는 것까지 상담을 해 주었다. 하지만 술을 끊어 보려는 의지가 약해서 매번 실패로 돌아갔다.

자주 입원하는 것도 어렵다고 했다. 근무도 해야 하고 주위 사람들 눈치도 보인다고 입원 하루 만에 퇴원했다. 끝까지 치료한 후 퇴원하라고 극구 말렸어도 헛수고였다. 그리고 통증이 심해지자 '이렇게 아프면 죽는 게 낫다느니' '자살하고 싶다'는 등 언어 수위가 예기치 않는 방향으로 점점 높아졌다. 그는 40대에 이미 당뇨도 왔다. 금주도 못 하고, 기침과 가래가 지속적으로 나오니 불 보듯 훤했다. 당뇨와 결핵이 친구처럼 붙어 다니기 때문이다. 병원에서 검사했더니 결핵임이 확인되었다. 결핵 치료를 받아야 함으로 아저씨는 여동생 집에 머물지 못하고 격리병동에서 홀로 지내야 했다.

인생사 새옹지마塞翁之馬라고 어느 것이 화禍가 되고 어느 것이 복福이 될지 예측 불허다.

　부모를 보면 자녀들의 삶의 밑그림이 그려진다. 부모의 삶을 답습하여 살기 때문이리라. 자녀의 성품은 엄마 뱃속에 잉태된 10개월 동안에 결정된다 하여 옛 선조들도 합방 날짜를 정한 후에는, 부정한 것을 보거나 더러운 행실을 하지 못하도록 했다. 마음을 맑고 깨끗이 하며 올바른 생각을 하도록 가르쳤다. 순결한 신부가 되는 것이 최고의 덕목 중 하나이기 때문이었으리라.

　한동안 소식이 뜸해진 이듬해 안부가 궁금했다. 가래가 조금씩 자꾸 나온다고 했다. '알콜리즘'으로 입원한 분 중에 술을 못 끊어 산책한다며 몰래 밖에 나가 술을 먹는다는 둥 얼토당토 않은 이야기도 들려왔다. 한 달 정도 지난 어느 날 통화가 되었다. 그땐 아저씨가 이미 하늘나라 아버지 집으로 가고, 전화기를 여동생이 쓴다고 했다. 은행털이 아저씨는 허망하게도 세상을 마감했다. 그 소식을 듣는 순간 아저씨를 살리지 못하고 죽게 만들었다는 자괴감이 들었다. 마음이 뼛속까지 시렸다.

　단풍잎 사이로 가을사랑이 떨어진다. 인생을 마감하는 길에는 자식도 아내도 대신 갈 수 없는 길이다. 간절하게 바라는 소원이 붉게 타오른다. 내 가슴의 작은 불씨 하나가 그에게 감사함이 되었다면 얼마나 좋을까. 잠시 만난 기쁨이 고마운 추억으로 기억된다면 더 바람이 없겠다. 은행잎이 노랗게 물들면 아저씨의 가을이 생각난다. 스쳐간 인생의 계절 속에 사랑하는 마음으로 남아 있어 감사하다.

Ginkgo sweeping

"Ahh!" A single sharp cry rang out. Branches snapped with a crack, followed by the heavy thud of something hitting the ground. Startled, I flung open the front door and rushed to the schoolyard. Someone was crouched in pain, unable to stand because of a fractured right collarbone. Upon a closer look, I realized it was someone who worked at the school. The schoolyard and garden were lined with towering old ginkgo trees. The school custodian had climbed one of the trees to shake down the ginkgo nuts and leaves at once, but while doing the task, he slipped and tumbled down the slope of the schoolyard.

Groaning from the pain in his shoulder, he asked for

a painkiller. When his shirt was lifted, his collarbone jutted out grotesquely-a clear sign of an emergency. His face twisted with pain, and his effort to endure it was heartbreaking. His collarbone fracture was severe, and it was necessary to call an 119 ambulance to take him to the hospital. Yet, he adamantly refused to go to the hospital, insisting that he would be fine. Left with no other choice, I treated him with pain relief and basic physical therapy to stabilize him.

The next morning, I received a call: he had been admitted to the hospital overnight. Unable to bear the excruciating pain, he had called his nephew to take him. Being a habitual drinker, he was no stranger to hospital stays, having checked in and out numerous times for alcohol rehabilitation. He asked for help to quit drinking, so I bought him delicious meals, sometimes cooked him ramen, and prepared snacks, putting in all my effort. I even advised him to take medical leave to focus on recovery. However, his willpower to quit drinking was too weak, and each attempt ended in failure.

He said it was difficult to be hospitalized frequently as well. He had to work, and he also felt self-conscious about what others might think, so he discharged himself just a day after being admitted. Despite my urging to stay until fully recovered, it was in vain. His pain only worsened, and his words began to take a dark turn: "If it hurts this much, I'd rather die," and "I feel like ending it all." By his forties, he had already developed diabetes. He couldn't quit drinking, and persistent coughing and phlegm hinted at a grim outcome. Since diabetes and tuberculosis often go hand in hand, tests at the hospital confirmed that he had tuberculosis. To undergo treatment, he had to isolate himself in a ward, unable to stay with his sister.

Life's twists and turns, as unpredictable as the proverb Sai Weng Shi Ma塞翁之馬, make it impossible to predict whether something will bring misfortune or fortune.

Observing parents often reveals the blueprint of their children's lives, as children tend to follow in their parents' footsteps. It is said that a child's character is shaped during the ten months in the mother's womb. Believing this, our ancestors, after setting the date for the union, forbade witnessing anything impure or engaging in improper behavior. They taught to keep their mind clear and pure, and to think rightly. This was likely because becoming a virtuous bride was considered one of the highest ideals.

The following year, I heard little from him and became curious about his well-being. He mentioned persistent phlegm. Absurd rumors emerged about an alcoholic patient who, while claiming to go for walks, secretly sneaked out to drink. One day, about a month later, I finally got through to his phone. By then, he had already gone to his heavenly father's home, and his younger sister was using the phone. The ginkgo sweeper had departed this world in vain. Upon hearing the news, I felt a crushing guilt as if I had failed to save him, letting him slip away. A chill seeped deep into my bones.

Autumn love falls through the maple leaves. The

journey to life's end is one that neither children nor spouses can take in another's stead. A desperate wish burns brightly in my heart: that the small ember in my heart could become gratitude in his. If the fleeting joy of our brief encounter is remembered as a cherished memory, there would be nothing more I could ask for. When the ginkgo leaves turn golden, I think of his autumn. Through the passing seasons of life, the warmth lingers with gratitude.

지랄하고 자빠졌네

"지랄하고 자빠졌네, 내가 체했다니까 무슨 맹장이야? 나 안가"

순간 너무 당황했다. 이렇게 노골적으로 표현한 분은 처음이기 때문이었다. 다른 지역과 달리 매주 화요일은 지역사회에 있는 교회에서 노인대학이 열리는 날이다. 온 공공기관이 많은 민원인으로 이날은 특히 더 바쁘다. 그날도 어김없이 10여 명이 한꺼번에 내소하여 정신이 없었다. 모든 업무를 혼자 해결해야 하는 보건진료소의 특별한 상황이 이럴 때 더욱 당황스럽다.

그런데 한 분이 갑자기 "아이구 배야, 아이구 배야"하며 배가 아프단다. 기본 검사 후 촉진해 보니 진단명은 '급성 충수돌기염'이 의심되었다. 의뢰서를 써 드릴 시간도 없이 계속해서 밀려드는 민원인이 많아 119에 전화하며 종합병원을 안내했다.

그런데 환자분이 냅다 욕을 하신 것이다. 급성 맹장염일 상황과 터져서 복막염이 생기는 상황을 비교하며 수술비, 치료 기간, 합병증 등을 자세히 설명하며 병원에 갈 것을 종용했다. 그래도 소용이 없었다.

몇 주가 지난 화요일 재차 내소했다. 그런데 뜬금없이 "나 수술 잘하고 왔어. 지난번 조금만 늦었으면 맹장이 터져 복막염이라나 뭣이라나 되기 직전이었대. 안 갔으면 큰일 날 뻔했어"

순간 까마득히 잊고 있었던 기억이 새록새록 떠올랐다. 바쁘다는 핑계로 의뢰서를 못 써 준 것이 미안하고 마음이 쓰였는데 조금 한가해지니 이야기보따리를 술술 풀어 놓았다.

"119도 거절하고 집으로 갔는데 하루 이틀 지날수록 배가 점점 더 아팠어. 나중에는 배가 찢어지듯이 아파 할 수 없이 일주일 되는 날 자녀들을 오라고 해서 병원 응급실에 갔어. 그런데 웬 검사를 그렇게 많이 하는지 배는 점점 더 아파 죽겠는데 이 사람이 와서 만지고 검사하고 저 사람이 만지고 진짜 짜증이 났어. 그리고 터지면 수술이 복잡하고 상처도 크다고 한 소장 말이 생각났어, 배는 너무 아픈데 의사를 발로 찰 수는 없고, 옆에 있는 여자분을 힘껏 발로 차면서 '아~! ×팔 나 맹장인가 봐. 왜 지랄로 수술은 안 해주고 검사만 해, 수술할 거면 빨리해 주던지'"

했단다. 그리고 10여 분을 기다리니 급하다고 곧바로 수술해야 한다고 난리를 쳤단다. 그 덕에 옆에 계시던 주민분들에게까지 저절로 보건교육이 되었다. 저절로 산교육이 되었으니 다음엔 이렇게 고집부리는 어른들이 안 계실 것 같아 안도의 숨이 쉬어졌다. 도우미로 일하는 같은 동네 사는 분도 옆에서 거들어 주어 마음이 한결 위로가 되었다. 그다음부터 농담하며 별명을 하나 붙여줬다. '뽕순 언니~! 지랄하고 자빠졌네'로.

비가 오는 어느 날 오후 아들과 함께 뽕순 언니가 내소했다. 이런저런 얘기를 했다. 여기에 살고 있진 않지만 아들 본인이 암환자라고 했다. 엄마도 모르게 조심조심 치료받곤 했는데 들켰단다. 수술하려고 머리를 깎고 모자를 썼는데 엄마가 눈치를 챘는지 어느 날 모자를 확 벗겼단다. 충격을 많이 받았는지 그 뒤로 식사도 안 하고 몇 년 동안 술만 먹더니 치매를 앓고 계신다.

지난 가을 절친으로 지냈던 언니네 집에 가다 우연히 뽕순이 언니를 보게 되었다. 도토리나무 밑에서 도토리를 줍고 계셨다. 어느 정도 일상생활은 가능하여 아들과 며느리가 자주 들여다보며 생활한다. 남편이 술酒을 좋아하더니 하늘나라 아버지 품으로 일찍 갔다며 나한테 남편에게 잘하라고 했다. 남편이 살아 있을 때는 어떤 말을 들어도 괜찮았는데 남편이 없으니 이제 나를 무시하나 싶어 오해도 많이 했단다. 자녀들을 홀로 키우며 아무도 모르는 눈물을 많이 흘리셨으리라. 그저 마음이 짠하고 안타깝기만 했다.

가을 단풍잎은 곱게 물들어 너무 어여쁜데, 사람의 내리막길인 가을 인생은 우리가 전혀 예상치 못한 곳으로 흘러가고 늙어간다. 결코 예쁘지 않은 어린아이 때의 모습으로 돌아가는 것 같다. 나이가 들면 들수록 고운 자태로 남아 있어야 하는데 그것은 헛된 꿈일까? 올해처럼 예쁘고 고운 단풍잎이 오랫동안 있었던 때도 드물었던 것 같다. 석양에 물든 예쁜 단풍잎을 보고 있노라니 연지곤지를 찍은 새색시의 빠알간 볼 같다. 내게도 저런 새색시 시절이 있었나? 뽕순 언니도 저런 어여쁜 시절이 있었겠지? 참 이뻤을 텐데……

What a Load of Nonsense!

"What a load of nonsense! I told you I'm just bloated, not having an appendicitis! I'm not going." Her blunt outburst left me momentarily stunned. It was the first time I'd encountered such a candid reaction.

Unlike other areas, every Tuesday, a senior citizen program is held at a local church, making all public offices exceptionally busy with visitors. That day was no different— about ten people arrived simultaneously, creating a whirlwind of activity. In our small community health center, where I managed everything alone, such days were particularly overwhelming.

Amid the chaos, an elderly man suddenly clutched his stomach, groaning, "Oh, my stomach! Oh, it hurts!" After a basic examination and palpation, I suspected acute appendicitis. With no time to issue a referral due to the steady influx of patients, I called 119 and directed her to a general hospital.

That's when she erupted with expletives. I carefully explained the risks of acute appendicitis, including potential complications like peritonitis if it burst, detailing surgery costs, recovery time, and possible side effects. But she was adamant.

A few weeks later, she returned on another busy Tuesday. Out of nowhere, she said, "I had the surgery and came back just fine. The doctors said if I'd waited any longer, my appendix would have burst, causing peritonitis or something. It would've been serious if I hadn't gone."

Memories I'd nearly forgotten resurfaced. I'd felt guilty about not issuing a formal referral due to the hectic day. As things calmed down, she began recounting her ordeal.

"I refused the ambulance and went home, but the pain worsened day by day. After a week, when I couldn't bear the agony anymore, I called my children and went to the hospital's emergency room."

She grumbled about enduring endless tests despite excruciating pain. "They kept touching and examining me while my stomach felt like it was tearing apart! I couldn't kick the doctor, so I kicked the nurse standing nearby and yelled, Damn it! I must have appendicitis! Stop messing around and just operate!"

Eventually the doctors declared it urgent and rushed him into surgery. Her experience turned into an impromptu health lesson for other locals, making me hope fewer elderly patients would resist medical advice in the future. A neighbor working as a helper chimed in supportively, easing my mind.

Since then, we jokingly nicknamed her "Bbossun Unnie-The One Who Said 'What a Load of Nonsense!'"

One rainy afternoon, she visited again, this time with his son. After some chatting, her son quietly revealed he was battling cancer. He had kept the diagnosis from his mother, but she eventually noticed something was wrong when he shaved his head for surgery and wore a cap.

One day, she yanked off the cap, discovering the truth. The shock drove her into depression and heavy drinking, eventually leading to dementia.

Last fall, while visiting a close friend, I spotted her under an acorn tree, gathering fallen acorns. Though she managed basic daily tasks, her son and daughter-in-law frequently checked in on her. Recalling her late husband, she sighed, "He drank too much and left for the afterlife early. Be good to your husband while you can."

She confessed she had endured misunderstandings and loneliness, raising her children alone after losing her husband. "When he was alive, nothing anyone said bothered me, but now that he's gone, I feel like people look down on me."

Her quiet resilience and untold struggles tugged at my heart.

The autumn leaves were brilliantly colored, a rare and breathtaking sight. Yet, life's autumn, marked by aging and decline, drifts unpredictably into unexpected places. It felt like watching someone return to their childlike innocence-far from the graceful aging we all hope for.

As I gazed at the sunset-tinted leaves, glowing like the rosy cheeks of a blushing bride, I wondered—had I ever looked that radiant in my youth? Surely Bbossun Unnie must have had such a beautiful time in her life too... Lost in thought, I lingered in bittersweet reflection.

그까짓 거

"모기에 물렸는데요, 가려워서 그런지 자꾸만 긁어서 상처가 났어요. 방문해서 우리 시어머니 치료 좀 부탁해요"

황 할머니는 모기가 물어서 하도 가렵길래 '모기 그까짓 거'하며 손에 침을 탁탁 뱉어 득득 긁었다고 했다. 들깨 모종을 해야 한다며 2주 정도라도 가정방문을 하여 치료해 줄 것을 요청했다.

오·벽지에서 혼자 모든 업무를 수행하는 진료소 특성상 응급환자라고 해도 오전에 출장을 간다는 게 여간 쉽지 않았다. 근무시간이 되기도 전에 10여 명은 이미 기다리고 있고 오전에만 30명은 기본으로 내소하기 때문이다.

출장 가방을 챙겨 부지런을 떨었다. 교통수단이 부족하여 걸어가야만 했다. 첫째 날은 손톱으로 긁은 해맑은 연핑크색의 상처가 나를 기다리고 있었다. 거즈 없이 소독약으로만 치료했다. 그런데 문제는 그 다음날이었다. 아뿔싸! 하루아침에 이게 웬 날벼락이란 말인가? 어제 모기에 물렸다던 상처는 과연 손톱으로 긁어서 난 상처일까라는 의문이 들 정도였다.

첫 진료 시 분명 긁은 흔적뿐이었는데 나를 압도할 정도로 하루하루가 다르게 상처에 물집이 생기고 환부가 누렇게 변해가고 있었다. 눈 깜짝할 사이 1차 의료기관에서는 도저히 감당할 수가 없을 정도로 환부가 악화된 것이었다.

당뇨의 합병증이 무섭다고 하더라도 이렇게 무서운 것인 줄은 미처 몰랐다. 침 속에 그득한 세균이 감당할 수 없을 정도로 병세를 악화시킨 것이다. 오전과 오후로 하루에 두 번씩이나 방문치료를 해도 전혀 예상치 못 할 정도였다. 보호자에게 최대한 빨리 병원에 갈 것을 종용했다.

셋째 날 방문에는 하루 사이에 거의 환부가 짙은 밤색과 까만색으로 변해가고 있었다. 작은 상처는 점점 커지며 무릎 밑 근처까지 환부가 넓어지고 있었다. 농촌의 현실이 너무 바쁜 건 사실이지만 생명보다 더 소중한 건 없다며, 응급상황이라며 막무가내로 수선을 떨어야 했다. 신속하게 입원이 결정되었고, 병원에서의 최종 결론은 85세가 다 된 할머니의 왼쪽 다리 전체를 고관절 부위까지 절단하는 것이었다.

'모기 아 그까짓 것' 했던 황 할머니는 마른하늘에 날벼락을 맞은 것이다. 멍하니 아무 말도 못 하셨다. 할머니에게는 소원이 하나 있었는데 죽기 전 손주를 안아보는 것이었다. 여태까지 손주를 못 안아보신 게 커다란 바위덩어리로 할머니의 가슴을 짓누르고 있었다.

한동안 고개를 떨구고 침묵을 지키던 할머니는 결심한 듯 수술하기로 마음먹었다. 더 늦기 전에 치료받을 결심을 한 것이다.

그땐 나도 어떻게 하는 게 최선일지 그저 가족들이 마음을 모아 현명한 결정을 하길 바랄 뿐이었다. 드디어 수술 날짜가 정해졌다.

한시가 급한 상황에서, 이튿날 수술을 위한 모든 셋팅이 완벽하게 준비되어 수술실에 들어가기 바로 직전, 수술실 문 앞에서 황 할머니의 수술을 받지 않겠다는 대반란을 일으키셨다. 아무리 생각해도 더 살기는 힘들다는 걸 황 할머니가 알아차린 것이다. ,

"이대로 죽는 게 낫겠습니다. 한쪽 다리 전체를 절단해도 얼마 못 살 것 아닙니까? 어차피 죽을 목숨, 시신이라도 온전한 채로 가겠습니다"

황 할머니는 그렇게 세상과의 마지막 작별을 준비했다. 마음을 다잡고 내려놓기까지 얼마나 살고 싶다는 생각이 절절

했을까. 한 번만이라도 손주를 안아보고 싶다는 열망은 곧 꺼져버릴 불꽃 앞에서 얼마나 더 세차게 타올랐을까. 할머니의 깊은 절망 앞에 나는 그저 할머니의 상처 부위에 약을 발라 붕대를 고이 감아드리고만 싶었다. 그렇게 할머니를 떠나보내고 싶었다.

나이가 많든 적든 누구든 부르면 꼼짝없이 이 세상을 떠나야 하는데 나와 내 딸은 저승사자를 마주하고도 살아남은 것이 한없이 큰 경이로움과 떨림으로 다가온다. 이것은 생명을 더 풍성하게 하라는 뜻이라 여기며 오늘도 아프고 상한 이를 위한 발걸음을 힘차게 내딛는다.

당뇨병의 합병증이 얼마나 무서운 것인지를 예방은 어떻게 해야 하는지, 합병증에 대한 보건교육에 더욱 열심을 내는 것은 물론이다.

That Little Thing

"My mother-in-law got a mosquito bite, and it's so itchy that she keeps scratching it. Now, it's turned into a wound. Could you make a house call and treat her?"

Grandmother Hwang had been so tormented by the itch that she brushed it off, saying, 'It's just a mosquito bite.' She spat on her hand and scratched at it vigorously. But she needed to transplant perilla seedlings soon, so she asked if I could visit her home for treatment over the next two weeks.

Working at a rural clinic where I handled everything on my own, even emergency house calls weren't easy, especially in the mornings. Before working hours even began, more than ten patients would already be waiting, and I typically cared at least thirty by noon.

Still, I packed my medical bag and hurried out. With limited transportation, I had no choice but to walk. On the first day, I arrived to find a fresh, pale pink wound—evidence of where her nails had scratched the bite. I treated it with disinfectant, not even needing gauze.

But the real problem came the next day.

Oh no.

What in the world had happened overnight?

Yesterday's mosquito bite—could it really have been just that? I had seen only minor scratch marks at first, but now, in just one day, the wound had worsened at an alarming rate. Blisters had formed, and the affected area had turned yellowish. Before I knew it, the infection had progressed beyond what a primary care clinic could handle. I had always known diabetes complications were serious, but I had never imagined they could escalate this quickly. The bacteria from her saliva had aggravated the wound far beyond what I had expected.

I visited twice a day, morning and afternoon, yet the

situation kept deteriorating. I urged her family to take her to the hospital as soon as possible.

By the third day, the wound had darkened to a deep brown, almost black. What had started as a small scratch had spread rapidly, nearly reaching below her knee. I understood that rural life was demanding, but what could be more important than one's life? I made a fuss, insisting it was an emergency. Finally, we arranged for her hospitalization.

The doctors' final diagnosis? At nearly eighty-five years old, Grandmother Hwang had no choice but to have her entire left leg amputated up to the hip.

For someone who had dismissed it as 'just a mosquito bite,' it was a devastating turn of events. She sat there, speechless, as if struck by lightning.

Grandmother Hwang had always had one wish—to hold her grandchild just once before she passed. The fact that she had never been able to do so weighed on her like an enormous boulder pressing against her chest.

After a long silence, she finally made up her mind. She

would go through with the surgery. She had decided it was better to get treated before it was too late.

At that moment, all I could do was hope that her family would come together and make the best decision for her. Eventually, the surgery was scheduled.

But just when everything had been prepared, and she was about to be wheeled into the operating room – at the very last moment – she rebelled.

She refused the surgery.

No matter how much she thought about it, she realized she wouldn't have much time left even if she went through with the amputation.

"It would be better to die as I am. Even if I have the surgery, I won't live long, will I? If I must go, at least let my body remain whole."

And so, Grandmother Hwang prepared for her final farewell.

How desperately must she have longed to live, before she finally found the resolve to let go? That one burning wish–to hold her grandchild just once–how fiercely must it have flared up before flickering out like a dying flame?

Standing before the weight of her sorrow, I could do nothing but gently apply medicine to her wound and wrap it with a clean bandage. That was all I could do as I watched her leave this world.

No matter how young or old we are, when death calls, we have no choice but to go. Yet, my daughter and I have faced death itself and somehow survived. The sheer mystery and trembling awe of that fact still overwhelm me. Perhaps, it is a sign—a reminder to embrace life more fully. And so, today, I take another determined step forward, tending to those who are hurting.

I devote myself even more to educating people about the terrifying complications of diabetes, hoping to prevent such tragedies before they begin.

선한 사마리아인법

좋은 마음으로 누군가를 도와주려다 곤경에 처할 때가 있다. 살다 보면 선이 악으로 돌아오기도 한다. 그럴 때 우리는 크게 배신감을 느끼기도 하고 물질적으로 큰 손해를 입기도 한다. 그러니 누군가를 돕는다는 것도 신중할 필요가 있다는 생각이 든다. 돌이켜 보면 나에게도 그런 아찔한 순간이 있었다.

"난 2개월째 생리가 없어요, 며칠 있으면 딱 2개월이예요"
한다. 아직 한창 젊은 분인데 이 말을 듣는 순간 너무 기가 막혔다. 난관수술을 한 분이기도 한데 산부인과 병원 진료는 아직 안 받아 봤단다. 난 얄팍한 지식으로 아는 척을 했다.
"진료를 받아 보면 HCG라는 호르몬이 검출됩니다. 첫 번째는 임신일 경우, 두 번째는 암일 경우에도 나타납니다."
그 언니는 내 말이 끝나기가 무섭게 얼른, 두 번째인 암이였으면 좋겠다고 했다. 병원도 안 가고 2달씩 태평하게 있다는 자체가 도무지 이해도 안 되고 너무 속상한데 암이었으면 좋겠다는 말에 억장이 무너졌다.

  일단 산부인과 진료를 받을 수 있게 설득했다. 진찰 결과를 기다리라는 안내만 받고 왔다며 배가 자꾸 아프다며 다시 내소했다. 토요일 13시경 결과가 나온다고 했다. 검사 결과를 언니와 둘이 애타게 기다리다가 잦은 통증을 호소해 촉진을 해 보았다. LLQ(좌측 하복부)촉진 시 통증을 호소하고 왼쪽 하복부에서 뭔가가 7~8CM 정도로 부드럽고 불규칙하게 길게 만져졌다. 그리고 손을 복부에서 뗄 때도 자지러지듯 손을 내저으며 통증을 호소했다. 며칠 전보다 사이즈가 점점 더 커지고, 장기가 손상되어 파열될 때의 전형적인 통증을 보였다. 자궁 외 임신임이 직감적으로 느껴졌다. 병원에서는 다음 주 월요일 내소하라는 말뿐이었다.

  그래서 특단의 조치를 취하기로 했다. 언니를 위해 토·일요일도 항시 전화를 대기하기로 했다. 일요일 새벽 전화벨이 일찌감치 울렸다. 배가 너무 아파 밤새 한숨도 못 자고 참을 수가 없다는 거였다. 119가 귀한 시절이라 친정아버지의 자가용 도움을 받기로 했다. 남편이 해외 출장 가고 없어서 내가 아픈 것처럼 하고 산부인과에 도착했다.

산부인과에서는 진찰하자마자 곧바로 수술하자고 했다. 그렇다고 진단명이 자궁 외 임신인지, 암인지 어떤 병명도 정확히 알려주지 않았다. 그런데 언니는 보호자도 없는 상태에서 진단명도 모르는 상태에서 일체 상의도 없이 그 자리에서 수술 승낙을 해 버렸다. 언니의 이런 태도가 아이러니했다. 그런 순간도 잠시 갑자기 식은땀을 뻘뻘 흘리며 배가 끊어지듯이 아프다며 어지럽고 토할 것 같다며 난리를 쳤다. 안정실에서 휴식을 취해 주고 나자 혈압이 안정되면서 조금 진정이 돼 보였다. 웬만하면 신분을 밝히지 않고 도와주려 했는데 이대로는 도저히 안 될 것 같아 사무장을 찾았다. "저는 ○○에 근무하는 누구입니다. 남편도 없이 수술한다고 하는데 괜찮습니까? 정확한 진단명은 무엇입니까" 등을 다그쳤다. 당황한 사무장은 이리저리 알아보더니 정확한 건 아직 더 기다려야 알 수 있단다. 진단명은 며칠 전 다른 산부인과에서 들은 거랑 별반 다르지 않았다. 그래서 나중엔 끝까지 책임져 줄 수 있냐며 다그치자 그제야 종합병원으로 이송시켜 준다고 기다리라고 했다. 이송 서류 준비까지 30여 분을 기다려도 연락이 없었다. 그 사이 언니는 기절할 것 같다며 식은땀을 자꾸만 흘렸다. 나의 좁은 소견으로 진찰할 때마다 혹의 사이즈가 점점 커지는 게 곧 파열이 의심되었다. 참다 못해 이송 중간에 파열되어 버리면 책임질 거냐며 독촉을 해 댔다. 그제서야 병원차를 내주며 종합병원으로 비상등을 켜고, 차 사이로 막가처럼 달려갔다.

그사이 언니는 점점 더 배가 아프다며 소리치며 난리 치다가 지쳐 눈을 감으려고 하면 볼을 두드려 가며 어금니 꽉 깨물고 정신 차리라고 다독이며 용기를 주었다. 우여곡절 끝에 ㅅ종합병원 응급실에 도착했다. 그런데 이 병원도 함흥차사였다. 언니는 배가 아파 죽겠다며 땀을 삐질삐질 흘리는데 인턴이 과거력 묻고 진찰 후 보고하고, 한참 후 레지던트 1년 차가 와서 되풀이하고, 레지던트 3년차도 마찬가지였다. 참다못해 진찰 그만하시고 제발 빨리 서둘러 달라는 나를 위아래로 기분 나쁘다는 듯 훑어보며 언짢은 표정을 여실히 드러냈다. 언니는 도저히 못 참겠다며 죽을 것 같다는데 담당 산부인과 과장은 코빼기도 안 보였다.

보호자한테 연락을 취했다. 통화가 안 되어 이장님한테 방송을 부탁했다. 전화 통화를 하고 오니 난리가 났다. 초음파 진료를 하고 나오는 도중 우려한 대로 자궁 외 임신이 파열되어 터져 버린 것이다. 거기에다가 응급상황에 대처한다고 서두르다가 모서리 벽에 부딪혀 수액 병이 깨지고 그야말로 환자는 혼수상태로 빠지기 일보 직전에 수술실로 직행했다.

그 당시 언니는 시누이가 자궁암에 걸려 치료 중이라 자궁 외 임신은 너무 창피하다고 암이길 바랬다. 시누이를 위해 황토방도 만들고 열심히 도와줬건만 시누이는 그리 오래 버티지 못하고 하늘나라 아버지 품으로 돌아갔다.

수술 후 소중한 생명을 건진 언니는 평생 이 은혜를 잊지 않겠다고 하며 회복기를 맞이했다.

하지만 난 회의감에 빠져 멍하니 한숨만 자꾸 나왔다. 만약 근무일도 아닌데 휴일에 도와주다가 무슨 일이 일어났다면 어쩔 뻔 했나? 천당과 지옥 사이를 몇 번이나 왔다 갔다 해야 했다. 아직도 그 언니만 보면 그때 그 아찔했던 순간이 떠오르며 가슴을 쓸어내린다.

다음부터는 이런 생명을 오가는 일에 공과 사를 꼭 구분해서 해야겠다고 다짐해 본다. 선한 사마리안법에 의거하여 '너의 죄를 사하노라'를 기대해 보며….

*선한 사마리아인법: 위험에 처한 사람을 구조하게 됨으로 생기는 법적 문제 또는 실수 등으로부터 구조자를 '보호'하기 위한 법

The Good Samaritan Law

Sometimes, in trying to help someone with good intentions, we find ourselves in trouble. In life, kindness can be repaid with misfortune. When that happens, we may feel deeply betrayed or suffer significant financial loss. This makes me think that even acts of kindness require careful consideration. Looking back, I, too, have experienced such a nerve-wracking moment.

"I haven't had my period for two months. In just a few days, it'll be exactly two months."

She was still young, yet her words left me speechless. She had already undergone tubal ligation, and she hadn't even visited an obstetrician-gynecologist. With my limited knowledge, I started explaining what I knew.

"If you take a test, it will detect a hormone called HCG. The first possibility is pregnancy. The second, in rare cases, is cancer."

Before I could even finish my sentence, she blurted out, "I hope it's cancer."

I was at a loss for words. It was frustrating enough that she had gone two months without seeing a doctor, but to say she'd rather have cancer? My heart sank.

I persuaded her to get an OB-GYN exam. When she returned, all she had was an instruction to wait for the results. She kept complaining of stomach pain and came back to see me. The results were supposed to come out on Saturday at 1 p.m. As we anxiously waited together, she frequently complained of pain. I palpated her lower left abdomen and felt a soft, irregular mass about 7-8 cm in length. She winced in pain when I pressed down and recoiled sharply when I lifted my hand. The mass seemed to be growing, and her pain was worsening-classic signs of an organ rupture. I immediately suspected an ectopic pregnancy. But the hospital simply told her to come back the following Monday.

I decided to take matters into my own hands. I told her I would keep my phone on all weekend in case of an emergency. Early Sunday morning, my phone rang. She was in excruciating pain, unable to sleep all night. In those days, ambulances were scarce, so I asked my father to drive us. Since my husband was away on a business trip, I pretended to be the patient and took her to the hospital.

The moment the doctor examined her, they decided to operate immediately-but they didn't explain whether it was an ectopic pregnancy, cancer, or something else. She had no guardian present, yet she signed the consent form on the spot without knowing her diagnosis. Her nonchalance baffled me. But before I could say anything, she suddenly broke into a cold sweat, clutching her stomach in agony, feeling dizzy and nauseous. After some time in the recovery room, her blood pressure stabilized, and she seemed to calm down.

I had intended to help without revealing my identity,

but under the circumstances, I had no choice. I sought out the hospital administrator.

"I work at ○○. She's undergoing surgery without even knowing her diagnosis, and without her husband or family present—is this okay? What exactly is her condition?"

The administrator hesitated, then admitted that they weren't certain yet. Their diagnosis wasn't much different from what another OB-GYN had said days earlier. I pressed further, asking if they would take full responsibility for her care. Only then did they agree to transfer her to a general hospital. But time dragged on, and the paperwork for the transfer still wasn't ready after 30 minutes. Meanwhile, she kept breaking into a cold sweat, saying she felt like she was about to pass out.

I knew the mass was growing – it was only a matter of time before it ruptured. Unable to hold back any longer, I snapped, "If she suffers a rupture during the transfer, will you take responsibility?"

That finally spurred them into action. They put her in

an emergency vehicle, flashing its lights as it sped through traffic.

She was in agony, crying out in pain, then fading into exhaustion. Each time she closed her eyes, I tapped her cheeks, urging her to stay awake and stay strong. We finally arrived at S General Hospital's emergency room, but this hospital was also no different. She was sweating profusely, writhing in pain, yet the intern just took her medical history, then passed the case to a first-year resident, who repeated the process, then a third-year resident, who did the same.

Frustrated, I pleaded, "Stop with the endless questioning and do something—please hurry!"

A resident glanced at me, sizing me up with clear disapproval. Meanwhile, she was crying that she couldn't take it anymore, that she was about to die, yet the attending OB-GYN was nowhere to be found.

I called her family, but no one picked up. I even asked the village chief to make a public announcement. By the time I returned, chaos had erupted.

Just as I feared, her ectopic pregnancy had ruptured. In the rush to respond, a saline IV bag shattered against the wall, adding to the commotion. She was on the verge of slipping into a coma when they finally rushed her into surgery.

At the time, her sister-in-law was battling uterine cancer, and she had been so ashamed of her own condition that she had wished for cancer instead. She even built a heated clay room for my sister-in-law and helped her tirelessly. But despite her efforts, her sister-in-law had passed away not long after.

After the surgery, she expressed deep gratitude, saying she would never forget what I had done for her.

But I was filled with a sense of doubt, and all I could do was sigh in a daze. What would have happened if something went wrong while I was helping on my day off? I had to go back and forth between heaven and hell several times. Even now, whenever I see that woman, I can't help but remember that terrifying moment and breathe a sigh of relief.

From now on, I'm determined to carefully distinguish between personal matters and professional responsibilities when it comes to life-and-death situations. With the Good Samaritan Law in mind, I hope for forgiveness and say, 'Your sins are forgiven.'

*The Good Samaritan Law: A law designed to protect rescuers from legal liability in case of unintended harm while providing emergency assistance.

머물던 자리

어느 날 선배 있던 자리에 공백이 생겨 의외의 제안을 받았다. "후배가 내가 있던 자리에 와서 일해 주면 안 될까?"
저학년 시절을 선배가 있던 관할지역에서 살았던 난 남편과 상의하고 연락을 준다고 했다. 선배의 후임자로 선택받은 것이다. 지금도 너무 바쁜데 관할 주민이 더 많은 곳에 가면 어떻게 하냐며 남편은 찬성하지 않았다.
초등학교 시절 전학을 세 번이나 했는데 저학년 친구들에게 많은 잘못을 했다. 반장이랍시고, 잘 난 척은 물론, 친구들이 잘못했을 때보다 내 마음에 들지 않을 때 손바닥을 때리기도 했으며 고무줄놀이, 공기놀이, 오재미 놀이로 점심시간이나 청소시간 등 정해진 시간이나 규칙을 지키지 않고 놀았다. 그 어릴 적 잘못이 가슴 한켠에 남아 있었다. 성인이 되고 직장을 갖게 되면 언젠가 그 잘못을 꼭 갚고 속죄하고 싶었다. 어린 시절의 잘못을 늦게나마 친구들 부모님들께 성심을 다해 속죄하는 마음으로 잘해 드리고 싶었다.

바쁘기만 한 삶도 무료했다. 공부도 더 하고 싶었고 대청댐 지역을 벗어나고도 싶었다. 뭔가 변화가 있기를 기대했다.

다행히 전국 도, 시, 군에 한 명씩 선발하는 선임진료원 제도가 생겼다. 이론시험을 보면 합격할 자신은 있었지만 나이도 어리고 면접에서 자신이 없었다. 동료들이 시험에 응시하라고 난리를 쳤다. 난 오히려 가지 않으려는 선배에게 권유했다. 하지만 공채시험에 내가 응시하지 않으니 신규 애숭이들까지 선임진료원 시험에 너도나도 지원했다. 선배를 보호해야겠다는 어설픈 마음이 작동해 고민 끝에 공채시험에 응시한다고 했다. 그러자 후배들이 실제로 포기하며 응시자가 대폭 정리되었다. 내가 기대한 바였다. 시험 전날 오후 5시 난 보건소에 전화를 걸었다. "응시를 포기합니다."

내가 원하던 선배가 도에 선임진료원으로 최종 합격했다. 그다음은 군의 선임진료원을 뽑는 차례였다. 나이가 지긋한 선배를 추천하자며 후배들이 따라 주기를 종용했다. 원하던 대로 군의 선임진료원도 내가 추천한 선배가 되었다. 선배는 하늘을 우러러 한 점 부끄럼 없이 일할 것을 맹세했다.

3년쯤 지났을까? IMF가 닥쳤다 갑자기 구조조정이라는 타이틀로 난데없이 별정직이 타격을 입었다. 제2의 IMF가 오는가 싶더니 선임진료원 제도가 폐쇄되며 도, 시, 군의 인력이 모두 예전의 제자리로 돌아갔다. 경남 몇몇 곳은 폐쇄된 보건진료소도 있었다.

좋고 행복한 일은 거기까지였다. 감사함을 모르고 벗어나고프다는 배부른 소리만 하며 일상을 살고 있었던 것이다.

구조조정대상자가 되지 않으려면 더욱더 열심히 일해야만 했다. 인사 대상자가 되지 않으려면 당연 열심히 일을 할 수밖에 없었던 그때의 가슴 졸이던 순간이 떠오르면 지금도 아찔하다.

The Place I Stayed

One day, I unexpectedly received a proposal due to a vacancy left by a senior.

"Would you be willing to take my place and continue the work?"

During my early years, I had lived in the area my senior was in charge of, so I told her I would discuss it with my husband before giving an answer. I had been chosen as my senior's successor. However, my husband was against it, worrying that I was already too busy and that moving to a district with a larger population would only add to my workload.

Back in elementary school, I had transferred three times, and during my early years, I had wronged many of my classmates. As class president, I acted self-important and even struck my friends' palms-not when they did something wrong, but simply when I was displeased. I ignored time limits and rules during recess, playing rubber band games, jacks, and beanbag toss instead of following the schedule for lunchtime or cleaning duties. These childhood mistakes lingered in a corner of my heart. As an adult, I hoped that once I entered the workforce, I could atone for my past mistakes and repay my friends and their parents with sincerity.

My life, despite being busy, felt monotonous. I wanted to study more, and I longed to move beyond the Daecheong Dam region. I yearned for change.

Fortunately, a new system was introduced, selecting one senior clinician per province, city, and county. I was confident I could pass the written exam, but I was young and lacked confidence in the interview. My colleagues insisted I apply. Instead, I encouraged a senior who was hesitant to take the exam. But since I had decided not to apply, even the newer recruits suddenly jumped in, eager to take the senior clinician exam.

Wanting to protect my senior, I reconsidered. After much deliberation, I announced my intention to apply for the open recruitment exam. As a result, many of the younger applicants withdrew, drastically reducing the competition – just as I had anticipated. Then, at 5 p.m. the day before the exam, I called the health office and said, "I'm withdrawing my application."

In the end, the senior I had wanted was selected as the provincial senior clinician. Next, the selection process moved to the county level. After discussing with my juniors, I urged them to support a more experienced senior, convincing them to follow my lead. As I had hoped, the senior I recommended was chosen as the county's senior clinician. With that, she swore to the heavens that she would carry out her work with integrity, without a shred of shame.

About three years later, the IMF crisis hit. Suddenly, under the banner of 'restructuring,' special government positions like mine were targeted. Just as it seemed like a second IMF crisis was looming, the senior clinician system was abolished, and all personnel at the provincial, city, and county levels returned to their original positions. In some parts of Gyeongnam, clinics were even shut down. That happiness had lasted only up to that point. I had been preoccupied with dissatisfaction, ungrateful for what I had, constantly wishing to move on.

To avoid being affected by restructuring, I had to work even harder. To escape the risk of being reassigned, I had no choice but to pour myself into my work. Even now, when I recall those nerve-wracking moments, I feel a shiver down my spine.

보건의 길을 돌아보며
_ 전국 최초 '양팔혈압 측정방법 추진'

1983년 10월 1일 보건진료원으로 임용되었을 때부터 줄곧 농촌지역에서 주민들과 함께 생활하며 조금이라도 지역 주민들에게 보탬이 되길 바라는 마음이 간절하였다. 특별히 새벽부터 밤늦게까지 농사일하느라 몸을 돌보지 못하는 어른들이 걱정되었다. 바쁜 농사일로 병원에 갈 엄두도 내지 못할 뿐 아니라 견디다 견디다 도저히 안 되겠다 싶어 보건진료소에 내소하는 일이 잦았다.

근무 초기에는 숫기가 채 가시지 않아 다소 주춤한 적도 있었지만 서서히 마을 주민들을 눈에 익히고부터는 오고 가며 인사를 나누며 주민들의 안색이나 이상 여부를 무의식적으로 챙겨보는 습관이 생겼다. 어르신 모두가 나의 아버지 같고 어머니 같았다. 비록 만원을 이루는 내소자들로 눈코 뜰 새 없이 바쁘고 몸은 힘들었지만, 그 힘듦 가운데서도 문득 문득 보람을 느끼며 어느결에 불끈불끈 힘이 솟아났다. 돌이켜보면 정년 할 때까지 한결같은 마음으로, 정성을 다할 수 있었던 것은 순간마다의 보람으로, 새롭게 주어지는 사명감이 아니었을까.

1980년 간호학을 전공하게 되었을 때 교수님들께서 "너는 나중에 시집갈 때 네 머리와 네 노트와 책만 가지고 시집가라"던 말씀이 아직도 생생하다, 그래서 어르신들이 어떻게 하면 건강하게 오랫동안 사실 수 있을까를 수도 없이 연구하고 궁리하던 중 공부에 좀 더 욕심을 내었고, 그 당시 친정아버지께서 심장질환으로 2번의 수술을 했지만 끝내 회복하지 못하고 갑작스럽게 70세에 사망하면서, 실의에 빠져 통곡만 하고 있던 나의 심장에 불을 지피는 새로운 계기가 된 것이다.

지속적인 고혈압 환자 증가 추세에 따라 '한팔혈압 측정방법'을 '양팔혈압 측정방법'으로 획기적인 변화를 시도하였다. 2005년경 전국 최초로 '양팔 혈압 측정방법'을 채택하게 되었다. 이는 심·뇌혈관질환 대상자를 조기에 발견하고 심·뇌혈관질환예방관리사업을 더욱 더 확산시키며 심·뇌혈관질환의 합병증을 최소화하는데 아주 큰 의미가 있었을 뿐만 아니라, 전국적으로 파급되면 전국민 의료비까지 어마어마하게 줄일 수 있다는 야심찬 계획하에 행자부까지 가서 발표했다. 아주 큰 상을 받거나 하는 쾌거는 없었지만 오직 주민들을 위한다는 명목으로 평생 후유증이 없도록 심·뇌혈관질환예방관리사업을 철저하게 진행해 나갔다.

즉 '양팔혈압 측정' 후 수축기압의 차가 20mmhg 이상이거나, 이완기압의 차가 10mmhg 이상이면 뇌로 가는 혈관 어디든 심장으로 가는 혈관 어디든 좁아져 있거나 막혀 있을 수 있다는 이론을 근거하여 시행하였다. 각종 연구 논문과 서적을 통하여, 각종 세미나를 찾아다니며 남다른 노력을 아끼지 않았으며, 병원과 연계하여 '심·뇌혈관질환 이상 유무'를 확인하게 하고 건강검진을 독려하고 관내 심·뇌혈관질환 대상자 조기발견은 물론, 합병증을 최소화하는데 기여하였다.

실제로 '양팔혈압 측정방법'으로 '심·뇌혈관질환 대상자' 및 뇌경색, 뇌출혈 환자를 조기 발견하여 병원에 의뢰하는 한편 '양팔혈압 측정방법'에 대해 사회적인 인식을 제고하고자 노력하였다. 특히 보건진료소장 직무교육을 1983년 연세대학교 세브란스병원에서 받았고, 연세대학교 100주년 기념관에서 있었던 세미나에서의 강의를 들으며, 친정아버지의 심장수술을 계기로 더욱 박차를 가해 슬픔에 빠져 있던 나는 새로운 사명감과 자긍심을 가지게 되면서 지금에 이르렀다.

전국 최초 '양팔혈압 측정방법'을 적용한 것에 대해 상당한 자부심을 느끼며, 이를 계기로 나는 나의 역량을 더욱 확대해 나아갈 수 있었다. 뒤이어 '고혈압 자가관리 12주 걷기 프로그램'을 운영하여 혈압에 대한 인식을 고취하고, 고령화 사회에 대한 대책 강구의 시발점이 되어 최초로 충북 도내 노인대학과 연계한 건강증진 프로그램을 운영할 수 있었다.

노인인구의 증가에 따른 만성 퇴행성관절 질환인 관절염 발생은 증가일로에 있었다. 하지만 대부분 약물요법에만 의존하고 운동이나 생활 습관 개선을 소홀히 하는 경우가 다반사였다.

약물요법은 한시적인 통증 완화의 효과는 있지만 개선의 여지는 크지 않았다. 오히려 시간이 지남에 따라 자연스럽게 노화과정을 거치며 악화되어 갔다. 좀 더 근력을 강화하고 면역력을 증가시키기 위해서는 운동 등 활발한 움직임과 더불어 긍정적인 에너지를 얻을 필요가 있다는 데 포커스가 맞춰졌다. 그즈음 충북 도내 노인대학과 연계한 건강증진 프로그램을 운영하게 된 것은 또 다른 사명감이었고, 피할 수 없는 운명 같은 것이었다. 노인대학에 다양한 프로그램이 있었지만 지금의 청주시로 편입되기 전, 청원군 보건소에서 인력을 2명이나 지원받아 '두모 건강체조 전담팀'이

구성되어 건강체조 교실을 열었는데 평균 250여 명이 참여하는 쾌거를 거두었다.

어른들이 따라 하기 쉬우면서도 실질적인 도움이 될 수 있는 건강 체조로, 또 한편으로는 치매 예방 건강프로그램까지 연계 운영하여 많은 분이 그 시간을 즐거워하며 노인대학생이라는 대단한 자부심을 가지며 행복해하셨다. 그러면서 각종 경연대회에도 참가하고, 지역사회의 학교 운동장을 빌려 자체적으로 가을운동회를 개최하고, 지역 행사에 찬조 출연하는 등 삶의 질을 높이는 데도 한몫하였다. 이는 거의 14년간 주 1회로 운영되었다. 그러면서 체조 교실은 '건강증진 사업'으로 벤치마킹의 대표적인 사례가 되었다. 전국 각지 다양한 단체에서 견학을 와 프로그램을 배워갔다. 물론 노인대학과 연계한 체조 교실은 마을 단위 체조 교실로도 파급시키는 또 다른 계기가 되기도 하였다. 그러면서 방송을 타기 시작하면서 충북의 HCN, 충청일보, KBS, MBC, CJB 방송 등 수차례 방송되기도 하였다.

그러나 나에게는 결코 쉬운 일만은 아니었다. 경연대회나 찬조 출연에 가기 위해서는 주말에 휴일도 잊은 채 평소 몇 배의 노력을 기울여야 하는 힘든 시간이었다. 또 혼자 근무하는 보건진료소의 특성상 근무 중에 진료를 못 받고 치료를 못 받을 때는 주민들의 민원과 항의가 끊이지 않았다.

하지만 어쩌면 이때가 나의 보건행정에 있어서 일생일대의 전성기가 아니었나 싶기도 하다. 돌이켜보면, 이런저런 방식으로 주민들을 도울 수 있는 역량이 내게 있었다는 것 자체가 너무나 감사하다. 한없이 나 자신을 펼칠 수 있었던 때에 한 마리의 새가 되어 비상했던 것 같다. 젊음이 삶에 역동적인 힘을 만들어내었던… 돌이켜 보니 게으름피우지 않고 최선을 다해 공직생활을 잘 마무리했다는 인생에 자랑스런 추억이 있어 이 또한 감사하다.

Looking Back on My Path in Public Health
– The Nation's First Implementation of the 'Bilateral Blood Pressure Measurement Method'

Since my appointment as a public health practitioner on October 1, 1983, I have lived and worked alongside residents in rural areas, driven by a deep desire to contribute to my community in any way I could. I was particularly concerned about the elderly, who were unable to care for their health due to their grueling farm work from dawn until late at night. Many were too busy to even consider visiting a hospital, often enduring their ailments until they could no longer bear them, finally making their way to the public health clinic.

In the early days of my career, I was somewhat reserved due to my inexperience. However, as I gradually became familiar with the residents, I developed a habit of greeting them and unconsciously observing their complexion and overall health. Every elderly resident felt like a father or mother to me. Though the clinic was constantly crowded, leaving me with no time to rest, and the work was physically demanding, I found moments of deep fulfillment that reinvigorated me. Looking back, I believe that the sense of mission renewed by those rewarding moments was what enabled me to dedicate myself wholeheartedly to my work until retirement.

When I majored in nursing in 1980, my professors would often say, "When you get married, take only your knowledge, notes, and books with you." Their words still resonate with me. This philosophy fueled my endless curiosity about how to help the elderly live healthier, longer lives. My passion for learning deepened when my father underwent two heart surgeries but ultimately passed away unexpectedly at the age of 70. Overcome with grief, I found a new purpose that reignited my commitment to public health.

As cases of hypertension continued to rise, I introduced a groundbreaking shift from the conventional single-arm blood pressure measurement to the bilateral blood pressure measurement method. Around 2005, I became the first in the nation to adopt this approach, aiming to detect cardiovascular and cerebrovascular diseases early, expand preventive care initiatives, and minimize complications. Recognizing its potential to significantly reduce national healthcare costs, I even presented this initiative to the Ministry of the Interior and Safety. Although I did not receive major accolades, my sole focus was ensuring that residents remained free from long-term health complications through rigorous implementation of cardiovascular disease prevention programs.

The bilateral blood pressure measurement method was based on the principle that a difference of 20 mmHg or more in systolic pressure or 10 mmHg or more in diastolic pressure between the two arms could indicate narrowing or blockages in the blood vessels leading to the brain or heart. I spared no effort in researching this method, studying medical books, attending numerous seminars, and collaborating with hospitals to encourage health screenings and facilitate early detection of cardiovascular conditions.

Through this method, I successfully identified high-risk patients, including those with cerebral infarctions and hemorrhagic strokes, and referred them to hospitals for further evaluation. Additionally, I worked to raise public awareness about the importance of bilateral blood pressure measurement. My commitment to this cause was further reinforced during my professional training at Yonsei University Severance Hospital in 1983 and through lectures at Yonsei University's Centennial Hall. The memory of my father's heart surgery became a driving force, instilling in me a renewed sense of duty and pride that continues to this day.

I take great pride in having been the first in the nation to implement the bilateral blood pressure measurement method. This achievement paved the way for me to expand my efforts, including launching a '12-Week Hypertension Self-Management Walking Program' to raise awareness about hypertension. It also became the foundation for the first-ever health promotion program in collaboration with a senior university in Chungbuk Province, addressing the needs of an aging society.

With the growing elderly population, degenerative joint diseases such as arthritis were becoming increasingly prevalent. However, most people relied solely on medication, often neglecting exercise and lifestyle improvements. While medication provided temporary pain relief, it did little to prevent further deterioration over time. I focused on strengthening muscles and boosting immunity through movement and positive energy. It was during this time that I began collaborating with the senior university in Chungbuk Province to establish a health promotion program—a mission I felt destined to undertake.

Although the senior university offered various programs, I took a step further before Cheongwon County was incorporated into present-day Cheongju City. With support from the county health center, I established the 'Dumo Health Exercise Team,' which launched exercise classes that drew an average of 250 participants. The program emphasized simple yet effective exercises tailored for seniors, integrating cognitive health programs to prevent dementia. Participants took great pride in being senior university students, and their enthusiasm was evident as they competed in various contests, organized their own fall sports festivals at local school playgrounds, and participated in community events, ultimately improving their quality of life.

This exercise program, which ran weekly for nearly 14 years, became a benchmark case for health promotion initiatives. Organizations from across the country visited to observe and adopt the program. Eventually, it extended beyond the senior university, spreading to local village-level exercise classes. As its impact grew, it gained media attention and was featured on multiple broadcasts, including HCN Chungbuk, Chungcheong Ilbo, KBS, MBC, and CJB.

However, my journey was far from easy. Preparing for competitions and performances often required me to dedicate weekends and holidays, demanding significantly more effort than usual. Furthermore, as the sole practitioner at the public health clinic, my absence during work hours led to frequent complaints from residents who were unable to receive treatment.

Even so, I believe this period marked the pinnacle of my career in public health administration. Reflecting on my journey, I am immensely grateful for the opportunities I had to support the residents in so many ways. It felt as if I had taken flight, soaring like a bird at the peak of my youth, channeling my energy into creating a dynamic force for change. Looking back, I take great pride in having dedicated myself fully to my work, leaving behind a legacy that remains one of my life's most cherished accomplishments

솟대의 기억

호롱불 아래에서 살던 온 식구가 들떠 있었다. 초등학교 6학년 때 전학을 간 곳은 전기불이 들어오는 곳이기 때문이다. 학교 공터나 집 마당에 모인 친구들은 고무줄놀이, 공기놀이, 오재미놀이, 줄넘기 놀이를 했다. 남자아이들은 고무줄을 당기거나 놀이기구를 훔쳐 달아나며 짓궂게 굴었다. 시간이 지나면서 숨바꼭질하며 술래잡기를 하던 친구들과도 친해지고 순수하게 자랐다.

고등학생이 되어 버스를 타려고 학교 정문을 나오는 날이었다. 초등학교 남자 동창생이 기다리고 있는 것이다. 버스를 타면 버스 타는 대로 쫓아오고, 시외버스로 바꿔 타면 시외버스 정류장으로 계속 따라왔다. 어떤 대화도 하지 않고 1년 이상을 거의 매일 그렇게 쫓아다녔다. 어느 날 얘기를 조금 하자면서 집까지 쫓아왔다.

"나랑 사귀어 볼래?" 뜬금없는 말이 귓전에 들렸다. 변성

기가 와서 목소리가 거칠고 이상했다. 그런 목소리를 상상도 못했고 난생처음 들어봐서 그런지 너무 징그럽고 싫었다. 난 이성에 전혀 관심이 없었고 나중에 대학생이 되면 만나자고 했다. 남자 동창생은 농고에 다녔고, 대학 따윈 아예 관심 밖이었다. 그에게 이유를 물어본즉 대답이 특별했다. 선생님께서 대학에 가라며 공부하라고 했을 때, 공부하기가 싫었단다. 시험 볼 때 꼴찌를 해야겠기에 정답을 피해서 정답 사이로 막가 답안지 작성했다는 것이다. 그러나 본인도 모르는 문제가 있어 억지로 꼴찌하기가 결코 쉽지 않았단다. 발랄하고, 사교적인 활동에 익숙한 학생이었다.

한동안 뜸하고 소식을 모르다가 동창회를 핑계로 다시 만난 그는 어엿한 두 아이의 아빠가 되어 있었다. 술酒을 너무 좋아한 친구는 치아가 일찍 망가져 흔들리기만 하면 나중에 임플란트를 한다고 하나씩 뽑았다는 것이다. 결국 40대 중반도 되기 전에 임플란트를 해야만 했다. 임플란트 비용만 해도 2003년 당시 4천만 원 이상이라고 했다.

넉살 좋게 밥을 사달라고 해 부인과 함께 먹었다. 그의 아내가 고맙다며 직장 있는 곳으로 찾아와 같이 딸기도 먹고 가끔 선물도 주고받으며 연락하는 사이가 되었다. 은행잎이 노랗게 물든 어느 날 진료소로 쌀 한 가마니를 가지고 왔다.

손수 무농약으로 농사지은 거라 밥맛이 다를 거라 했다. 그야말로 지금까지 먹어 본 쌀 중에 밥맛이 으뜸이었다.

그해 겨울 머리에 종양이 생겨 간단한 검사와 시술을 하게 되었다는 연락을 받았다. 술과 담배를 하는 친구에게 금주 금연을 권하게 되었다. 하지만 한번 시술을 한 동창은 두 번, 세 번 병원을 드나들게 되었고, 이제는 상태가 호전되지 않고 지금은 동창회에도 나오지 못한다. 가정간호사 교육받느라 충남대학교를 오가느라 한창 바쁠 때였다. 음주 후 교통사고가 났는데 합의가 이루어지지 않아 어려움을 겪고 있다는 연락을 받았다. 구치소에 혼자 있는 동안 편지를 몇 번 보내 줬다. 그 편지를 닳고 닳도록 읽었단다. 그때를 너무 고마워했다.

그런 동창생에게서 내가 정년퇴직하기 전에 선물 하나 꼭 줘야 한다는 연락이 왔다. 갑자기 건강 상태가 더 나빠져 가끔씩 정신을 잃기도 한다며 볼 수 없게 될지도 모른다면서 북이면 옥수리에서 자전거를 타고 대청댐까지 온다고 했다. 위험하다고 극구 만류했지만 자전거를 타고 대청댐을 돌아 마라톤 거리만큼 먼 몇십 Km 이상을 달려왔다. 정신을 잃으면 안 된다고 하면서 밥을 먹는 것도 거절하고 그는 정신을 잃기 전에 배낭에서 대나무와 나무토막을 꺼내 솟대를 만들어 주고 갔다. 남편이 미우면 솟대 방향을 마주 보지 말고 돌려놓으라고 하면서…. 동창생이 돌아가는 뒷모습을 보며 가슴이 먹먹해 정신줄을 놓고 한동안 멍하니 있었다.

그런 친구가 가끔 궁금했는데 모임에도 못 나오고 요즘 힘든 생활을 하고 있다고 한다. 이런저런 얘기 끝에 금주는 8년째 실천했는데 금연이 어렵다고 한다. 이 친구의 건강을 위해 보건소 금연 클리닉을 소개해 주고 내과에 등록해서 꾸준히 치료해 보라고 권했다. 고개를 떨구며 작은 목소리로 말한다.

"친구야 담배 끊도록 노력해 볼게요. 담배를 완전히 끊을게, 아니! 내 마누라 앞에서 얘기한다. 됐지?"

지금까지 나를 믿고 나 때문에 두 달 이상 담배를 끊고 있다는 것이다. 오늘도 금연 참 힘들다 하면서. '정답 사이로 막가' 동창생은 금연하느라 무진장 애쓰고 있다. 그런 동창생의 금연을 끝까지 응원해 주고 싶다. 그 솟대를 TV 앞에 놓고 남편이 미울 땐 솟대 등을 돌려놓으면서….

The Memory of the Sotdae

The whole family, who had lived under the glow of a kerosene lamp, was excited. The place I transferred to in the sixth grade was one where electric lights were finally available. The children who gathered in the schoolyard or at home played rubber band games, jacks, hopscotch, and jump rope. The boys would pull the rubber bands or mischievously steal toys and run away. As time passed, I grew closer to the friends I played hide-and-seek and tag with, and we all grew up with innocent hearts.

One day, as I was about to board the bus to high school, I found a boy from my elementary school waiting for me. Every time I got on the bus, he would follow me, and when I switched to a long-distance bus, he would keep following me to the bus station. Without exchanging a word, he followed me almost every day for over a year. One day, he started a conversation and followed me all the way home.

"Would you like to go out with me?" he asked suddenly. His voice sounded rough and strange due to puberty. I had never imagined such a voice, and hearing it for the first time made me feel repulsed. I wasn't interested in romance at all and told him I'd consider it once I was in college. He had gone to an agricultural high school, and he had no interest in university at all. When I asked him why, he gave me an unusual answer. When his teacher advised him to go to college and study, he didn't want to. He said he purposely wrote his answers incorrectly on the test, trying to fail by avoiding the correct answers. But even he couldn't manage to fail on purpose as he didn't understand some of the questions. He was an energetic and social student.

After some time, I lost contact with him, but we met again at a reunion. He had become a father of two. My friend, who had loved alcohol, had ruined his teeth at an early age. Whenever a tooth became loose, he would pull it out and later get implants. By the time he reached his mid-40s, he needed implants. Back in 2003, the cost of the implants alone was over 40 million won.

He jokingly asked me to treat him to a meal, so we ate together with his wife. His wife, in gratitude, would sometimes visit me at my workplace, and we exchanged gifts and occasionally had strawberries together.

One autumn day, he brought me a sack of rice, saying it was grown without any pesticides and would taste different. Indeed, it was the best rice I had ever tasted.

That winter, I received a message saying that he had developed a tumor on his head and needed a simple examination and procedure. I advised my friend, who drank and smoked, to quit. But after the first procedure, he kept visiting the hospital for more, and his condition didn't improve. He could no longer attend reunions.

I had been busy with nurse training at Chungnam University at the time. One day, I heard that he had been in a car accident after drinking, and because he couldn't reach a settlement, he was going through a tough time. While he was in the detention center, I sent him several letters, which he read over and over again. He was very grateful for that time.

One day, I received a message from him saying that before I retired, I must receive a gift from him. He said his health had worsened suddenly, and he sometimes lost consciousness, so he might not be able to see me again. He was planning to ride his bike all the way to Daecheong Dam from Oksuri in Bukmyeon. I urged him not to do it, but he insisted on riding his bike for over 40 kilometers, a distance close to a marathon. He said that before losing consciousness, he wanted to make a sotdae for me. He took out bamboo and wooden pieces from his backpack, and finally made the sotdae, giving it to me. He then advised me, "If you ever feel upset with your husband, turn the sotdae so it doesn't face each other..." As I watched him leave, I felt my heart ache, and I was left staring vacantly for a long time.

Lately, I've wondered about that friend. He couldn't

even make it to our 60th birthday reunion, and I heard he's been going through tough times. After some conversation, he told me that he had been alcohol-free for eight years but was still struggling to quit smoking. I introduced him to the health center's smoking cessation clinic and encouraged him to register at an internal medicine clinic for continuous treatment. He lowered his head and said in a quiet voice, "I'll try my best to quit smoking. I'll definitely quit... I mean, I'll say it in front of my wife. Is that okay?" He had been smoke-free for over two months, thanks to me. Today, he said again how hard it is to quit.

'Cutting Corners to the Right Answer', my old classmate, is struggling hard to quit smoking. I want to support him in quitting for good. I place the sotdae in front of the TV, and whenever I'm upset with my husband, I turn the sotdae around....

엄마의 해당화

3부

까치야! 까치야!

화사한 봄날 세상 모든 기쁨이 우리 곁에 머물 것만 같았던 날, 뜻밖의 일로 우리는 한참을 헤매야 했다. 하지만 잃어버림은 끝이 아니라 또 다른 길에서 우리들의 선함이 아름다움으로 드러나는 순간이기도 하다.

진달래가 만연한 춘삼월에 결혼 후 세 식구가 처음으로 나들이를 독립기념관으로 정하고 출발했다. 딸을 안고 가는 내내 설레었다. 이 세상에 나만 공주를 낳은 것처럼 핑크 모자에 핑크 치마에 온갖 옅은 진달래색으로 공주를 치장하고 떠났다. 공주는 차만 타면 잠을 자서 우린 어딜 가든지 별걱정이 없었다. 우리는 목적지에 도착하기 전에 한곳을 둘러 볼 일을 보고 남편이 딸을 안고 다니다가 차에 타기 전에 양산을 접고 내가 공주를 안고 남편이 운전대를 잡았다. 얼마 후에 독립기념관에 도착했다. 그런데 입장권을 구매하려는데 남편 지갑이 통째로 없다. 그 지갑엔 나의 비상금도 좀 들어 있었는데 갑자기 정신이 멍했다. 차를 돌려 나와 왔던 길을 되돌아 가 보았지만 헛수고였다.

밤새 뜬눈으로 새우다시피 하고 꼭두새벽부터 기저귀를 삶아 빨았다. 공주가 피부가 약해 기저귀를 삶아 쓰지 않으면 붉은 반점이 생겨 힘들어도 꼭 삶아서 썼다.

남편한테 전화가 왔다. 주민등록증 때문에 천안경찰서에 신고했는데 연락 온 게 없냐는 거였다. 아무런 연락을 받지 못했다고 하자 풀이 죽은 목소리로 할 수 없다며 전화를 끊었다. 난 매일 기도했다.

아침마다 빨래를 널 때 "까치야!, 까치야! 이 세상에 나처럼 착하고, 맑고 깨끗하게 살려고 노력하는 사람 봤니?" 하며 애먼 까치에게 푸념을 했다.

그리고 며칠이 지났을까? 남편한테서 연락이 왔다. 천안경찰서에서 연락이 왔는데 지갑을 누군가 주워다 주고 갔으니 찾아가라고 했단다. 남편이 지갑을 찾아 늦게 귀가했다.

그날 우린 얼마나 순수한 마음으로, 착한 마음으로 기도했는지 모른다. 그 지갑 속엔 일련번호로 연결된 30만 원인 나의 비상금이 그대로였고 남편의 소지품도 모두 그대로 있었다! 우리 부부는 이 일을 계기로 더욱 착하게 살자며 약속했다.

얼마 후 남편은 수소문해서 지갑을 찾아 준 사람을 어렵게 찾게 되었다. 막상 집을 찾아가 보니 셋방에서 살고 있었고 살림이 그다지 넉넉해 보이지 않았고 이제 막 결혼식을 하려고 준비 중이라고 했다. 보다 못한 남편이 예물시계를 준비해서 찾아가고 가끔 편지도 주고받으며 지냈다.

친정엄마는 늘 비상금을 만 원짜리 일련번호로 100장씩 준비해 갖고 계셨다. 그러면서 여자는 늘 어떤 일에 대비하고 비상금을 갖고 있어야 된다고 하셨다.

하지만 엄마랑 나는 생각이 달랐다. 난 한 달이 지나면 매번 남편에게 구두로 일일이 생활비에 대한 내역을 보고했다.

신혼여행에서 돌아와서는 남은 30만 원도 모두 시부모에게 드리고 남편에겐 우린 맞벌이 부부니 '제로에서 시작하자'고 했고, 매달 시댁 생활에 보탬이 되게 딸아이가 고등학교를 졸업할 때까지 조금씩 20년 동안 보내드렸다. 시부모님도 이런 날 응원을 많이 해 주셨다. 양념이며 밑반찬까지 '에미는 바빠서 할 시간도 먹을 시간도 부족하다'며 열심히 챙겨주셨다. 지금도 조금이라도 더 챙겨주려고 하던, 사랑으로 품어주시려던 모습이 눈에 선하다.

나는 힘들었어도 이런 사랑을 먹으며 열심을 다해 살았다.

사실 친정 부모에게는 시댁만큼 용돈을 드리지 못했다. 그때는 그게 최선이라고 생각하고 실천하며 살았기 때문에 후회하기는 싫다.

친정엄마는 이 세상에 내 입에 딱 맞게 최고의 음식을 마련해주시는 단 한 분뿐인 요리사였다. 평생 직장생활을 할 동안 밑반찬을 챙겨주셨다. 친정아버지는 나의 절대적인 응원자이셨다. 난 입맛 까다로운 친정엄마를 위해 늘 과일상자째 들이밀었고 친정아버지는 만날 때마다 악수하면서 엄마 몰래 용돈을 드렸다. 어릴 적부터 친정아버지는 노인에게는 이천 원도 소중하다며 월급을 받으면 할아버지께 막걸리와 용돈을 드리러 매번 다녀오시며 효를 몸소 실천하시며 우리를 일깨워 주셨다.

한번은 공돈이 생겼다. 동료에게 두 달을 빌미로 돈을 빌려줬는데 2년 이상이나 있다가 그동안 약속 못 지켜 미안하다며 원금보다 돈을 조금 더 보내주었던 것이다. 고민하다가 아버지께 새 양복을 맞춰 드렸는데 소매치기를 당해 새 양복이 찢기어 오셨다. 엄마는 속상해하셨지만 그래도 할아버지께 용돈을 드리고 나서 소매치기를 당해 다행이라며 웃으며 행복해하셨다.

까치가 물어다 주는 행복이란 마음의 선한 조각들로 기워진 찬란한 보석들이 아니었을까. 친정과 시댁 부모님, 남편, 그리고 알지 못하는 선한 인연들로 내 삶은 아름답게 빛나고 있다.

Magpie! Oh, Magpie

On a radiant spring day, when it felt as if all the joys of the world would stay by our side, an unexpected incident left us wandering for quite some time. Yet, loss is not the end-it is often the moment when goodness reveals itself in the most beautiful ways.

It was the third lunar month of spring, when azaleas were in full bloom, that our little family of three went on our first outing after marriage. We chose the Independence Hall of Korea as our destination. Holding my daughter in my arms, I was filled with excitement, as if I were the only one in the world blessed with a princess. I dressed her in a pink hat, a pink dress, and all shades of soft azalea hues. She always fell asleep as soon as we got in the car, so we never had much to worry about when traveling.

Before arriving at our destination, we had to make a stop. My husband carried our daughter while running the errand, and just before getting back into the car, I folded up the parasol. Then, I took our princess in my arms while he got into the driver's seat. Shortly after, we arrived at the Independence Hall. However, just as we were about to buy our entrance tickets, my husband realized his wallet was missing–completely gone. That wallet contained my emergency savings as well, and in an instant, my mind went blank. We turned the car around and retraced our steps, but it was all in vain.

That night, I barely got a wink of sleep. At the break of dawn, I was already up, boiling cloth diapers. Our daughter had sensitive skin, so unless I boiled them, she would break out in red rashes. As exhausting as it was, it was a must. Then my husband called, asking if I had heard anything from the Cheonan Police Station, where he had reported the missing wallet due to his resident registration card being inside. I hadn't received any news. His voice was dejected as he resigned himself to the loss and hung up.

Every morning, as I hung the laundry, I would call out, "Magpie! Oh, magpie! Have you ever seen someone as kind, pure, and honest as I try to be?" I would grumble at the poor bird, pouring out my frustration.

And then, a few days later, my husband called again. The police had contacted him—the wallet had been found and turned in. When he returned home late that night, we were overwhelmed with gratitude. Everything was still inside: my emergency fund of 300,000 won in consecutive serial numbers and all of my husband's belongings, completely untouched. That night, we prayed with pure, heartfelt sincerity, overwhelmed by the kindness of a stranger. From that day on, we promised each other to live even more virtuously.

Determined to express our gratitude, my husband made great efforts to track down the person who had returned the wallet. When we finally found him and visited his home, we saw that he lived in a rented room and was preparing for his upcoming wedding. Seeing their modest circumstances, my husband couldn't help himself—he gifted them a watch for their wedding. We kept in touch through letters from time to time.

My mother always kept emergency cash—ten bundles of 10,000-won bills, each neatly arranged with consecutive serial numbers. She firmly believed that a woman should always be prepared for any situation. But my views were different from hers. At the end of each month, I would account for every expense down to the last pair of shoes, reporting it all to my husband. Even the 300,000 won left over from our honeymoon, I handed it over to my in-laws, saying, "Since we're a dual-income couple, let's start from zero." From then on, we consistently sent financial support to my in-laws for twenty years, until our daughter graduated from high school.

My in-laws, in turn, supported us in every way they could. They knew how busy I was, so they prepared side dishes and seasonings, making sure I had enough to eat despite my packed schedule. I can still vividly recall how they always wanted to do more for us, how they embraced us with love. Even during the toughest times, I drew strength from that love and did my best.

Truthfully, I couldn't provide as much for my own parents as I did for my in-laws. At the time, I believed I was doing the right thing and lived by that belief, so I have no regrets.

My mother was the only person in the world who could prepare the perfect meal just to my taste. Throughout my entire career, she always made sure I had homemade side dishes. My father was my greatest supporter, my unwavering pillar of encouragement. To return their love, I would always bring home boxes of fruit for my mother, and whenever I met my father, I would slip him spending money in secret. From a young age, he taught us by example—he would visit my grandfather every payday, bringing him makgeolli and some cash, always reminding us that even 2,000 won was precious to an elder.

Once, I came into some unexpected money. A colleague had borrowed money from me, promising to return it in two months, but over two years passed before they finally repaid me-with a little extra as an apology. After much thought, I used it to buy my father a new suit. But fate had other plans-he was pickpocketed, and the brand-new suit got torn. My mother was upset, but my father simply smiled and said he was relieved it happened after he had given my grandfather his allowance. That, to him, was a blessing.

Perhaps the happiness the magpie brings is woven from small, kind gestures-tiny fragments of goodness, stitched together into a dazzling jewel. My life shines brightly, thanks to the love of my parents, my in-laws, my husband, and the unknown souls who crossed my path with kindness.

꿈의 대화

"살려주세요! 살려주세요! 당신의 그 큰 구둣발로 쓱싹 밟아 버리면 어린 생명은 이 세상에 태어났으나 마나 흔적도 없이 사라집니다, 제발 살려주세요!"

3년 전 대청댐을 끼고 있는 마을에 부임하자마자 어린이 백혈병을 발견하여 '백혈병 어린이를 도웁시다.' 캠페인을 벌였다. 그 후로 거의 매일 새벽부터 밤늦게까지 쉴 새 없이 정말 바쁘게 살았다. 그러던 어느 날 결혼 후 5년 만에 남편과 말다툼을 했다.

남편이 퇴근 후 집안일을 도와주다가 갑자기 화를 버럭 내며 걸레통을 집어 던졌다. 이런 일은 처음이었다. 순간 무척 당황했다. 하지만 화가 나도 아이들 앞에서 싸우면 안 되겠다 싶었다. '아이들이 부모한테 참 배울 것도 많다. 아무리 화가 나도 아이들 앞에서 이게 뭐냐' 화를 내다가 침대에 쓰러져 한참을 있었던 모양이었다.

갑자기 마징가 제트 로버트 다리 같은 시커먼 사각기둥의 커다란 그림자가 저벅저벅 내 방으로 걸어 들어와 내 머리맡에 서는 것이 아닌가. 순간 난 너무 놀라서 얼어버리고 말았다. 무서워서 눈을 뜰 수도 또 감을 수도 없었다.

"당신을 데리러 왔다."

생생한 목소리가 들려왔다. 저승사자였다. 나는 무서워 꼼짝할 수 없는 상황에서도 이대로 허망하게 죽을 수 없다며 사정이라도 해봐야겠다고 생각했다.

"이 세상에 저처럼 착하고 열심히 사는 사람 보았나요? 너무 억울합니다. 제가 다른 지역 사람들은 몰라도 내가 맡은 주민들한테만이라도 최선을 다해 착하고 좋은 일 많이 할 테니 제발 나를 살려주세요."

애걸복걸했다. 그랬더니 무섭게 한 발 더 가까이 다가오며,

"에잇 내가 당신 딸도 데려가야 하는데…" 한다. 그건 더 기가 막혔다.

"나를 살려주고 내 딸을 데려가면 나는 살아도 산 목숨이 아닙니다. 당신의 그 큰 구둣발로 쓱싹하면 제 딸은 이제 갓 태어난 파릇파릇한 어린 새싹이요, 꽃으로 말하면 봉오리인

데 살아보지도 못하고 피어보지도 못하고 이 세상 태어난 흔적도 없이 사라집니다.”

하면서 나는 더욱 살려달라고 애원했다. 그랬더니 또 "에잇 씨!" 하더니 저벅저벅 귓가에 또렷한 발자국 소리를 남기며 안방 쪽으로 사라졌다. 순간 아차 싶어 튕겨 나가듯이 뒤를 쫓아 나갔다.

저승사자는 온데간데없고 안방 문을 열어보니 남편이 딸아이를 가슴에 꼭 끌어안은 채 자고 있다.

문득 깨고 보니 꿈이었다. 정말 희한하고 찜찜하였다. 하루 종일 꿈 때문에 뒤숭숭한 채 근무를 하고 있었다. 퇴근 무렵 숨을 헐떡거리며 친정엄마의 다급한 전화가 걸려왔다.

"너어, 침착해! 놀라지 마아! 알았지, 정신을 똑바로 차려!" 하며 말을 더듬었다. 엄마나 침착하고 빨리 말해요. 무슨 일이예요? 하며 다그쳐 물었다. 그제서야,

"네 딸이… 네 딸이…차가 달려들어 차 밑에 쏙 들어가서 깔…"

말을 더 이상 잇지 못하고 펑펑 울었다. 아침에 엄마가 아버지 학교 가을운동회에 딸아이를 데려갔던 것이다. 손녀딸이 다쳐 애간장이 녹는 엄마의 목소리가 파르르 떨렸다. 절대 믿어지지 않는 상황이 펼쳐진 것 같았다. 어금니를 꽉 깨

물었다.

"좀 더 자세히 말해요. 엄마는 괜찮아요? 애는 괜찮아요?" 하며 발을 동동 굴렀다. 친정엄마는 계속 울면서 뭐라고 하는데 귀에 아무것도 들리지 않았다. 머릿속은 하얀 백지장인데 누군가는 정신을 차려야 할 것 같았다. 순간 그냥 엄마랑 딸아이만 무사히 살아있으면 됐다 싶었다. 어젯밤 꿈속의 대화가 바로 이거였나? 꿈이라기엔 너무나 생생하였다.

그때 이후 저승사자에 하소연했던 대로, 온 지역 주민에게 착하고 좋은 일 많이 하는 담보로 딸아이의 생명을 맞바꾸었던 것을 기억하며 무던히도 순간순간 최선을 다하려고 애썼다. 나에게 그것이 곧 딸아이의 생명을 지키는 일이었다.

쇼파에 잠든 딸아이를 보니 그날의 기억이 새록새록 떠오른다. 모든 부모가 자식에게 헌신하듯이 우리 부부도 딸바보로 살았다.

사투를 벌이던 그날을 생각하면 지금 딸과 눈을 마주치며 대화할 수 있다는 사실이 그지없이 감사하기만 하다.

A Conversation in a Dream

"Please save her! Please, save her! If you crush her with your giant feet, that young life will vanish from this world without a trace. I beg you, please spare her!"

Three years ago, when I was assigned to a village near Daechung Dam, I discovered a case of childhood leukemia and initiated a 'Help Children with Leukemia' campaign. Since then, I had been leading an almost relentlessly busy life, working from early morning until late at night. Then, one day, for the first time in five years of marriage, my husband and I had an argument. He was helping with house chores after work when he suddenly snapped, throwing the mop bucket across the room. It caught me off guard – I'd never seen him react like that before. Still, even in that moment, I knew that no matter how upset I was, it wouldn't be right to argue in front of the children. 'Parents teach so much by example. No matter how angry we are, what good does it do for the kids to see us fighting like this?' I thought, and then lay down on the bed, feeling drained.

Suddenly, a shadow loomed over me, dark and imposing like the giant legs of Mazinger Z, stepping heavily into my room and stopping by my bedside. I was paralyzed with fear, unable to open my eyes yet too terrified to close them completely.

"I've come to take you." The voice was hauntingly clear. It was the Grim Reaper. Despite being frozen with fear, I realized I couldn't let myself die so easily. I needed to plead for my life, somehow.

"Have you ever seen someone who lives as earnestly and decently as I do? It's unfair. Maybe I can't help everyone, but I've done my utmost for the people I serve in my community. Please, let me live."

I begged desperately, hoping he would show mercy.

Yet he stepped closer with a menacing look and said, "I'm also here for your daughter..."

That shook me to my core.

"Spare me, but if you take my daughter instead, my life won't be worth living. With a single step from your heavy boot, my daughter – just a tender sprout, a fresh bud, full of promise – will vanish from this world without ever having a chance to blossom." I pleaded even more, my desperation deepening. After a pause, he grumbled, "Ugh, fine," and with loud, ominous footsteps, he walked out toward the master bedroom. I bolted up and ran after him, but the Grim Reaper had vanished without a trace. When I opened the bedroom door, there was my husband, sound asleep, holding our daughter tightly to his chest.

It was only a dream. But it left me with a strange, unsettling feeling that lingered throughout the day. As I went about my duties, I couldn't shake the dream's impact. Then, near the end of my workday, I received a frantic phone call from my mother, her voice trembling with urgency.

"Stay calm! Do not panic!" she stammered. "Mom, just tell me. What happened?" I demanded, barely able to contain my anxiety.

Finally, she managed, "Your daughter...your daughter...she got pulled under a car..."

And then she burst into tears. That morning, she had taken my daughter to my father's school for the fall sports day. Her voice quivered with worry, her heart breaking over her injured granddaughter. I felt as if I were trapped in a surreal nightmare, but I clenched my teeth, trying to hold onto a shred of composure. "Tell me clearly – are you and my daughter all right?" I pleaded, pacing in panic. My mother's sobs and half-formed words were barely audible. My mind went blank, but I knew someone had to stay rational. In that moment, I only prayed for my mother and daughter's safety. Was this what my dream had been trying to warn me of? The vividness of it felt like more than just coincidence.

Since that day, I remembered the words I had spoken to the Grim Reaper in my dream—my promise to do good for the community, to exchange my daughter's life for kindness to others. I tried my best to fulfill that vow, believing that protecting my daughter was tied to fulfilling my promise.

Now, as I watch my daughter sleeping on the sofa, the memories of that fateful day resurface. Just as all parents dedicate themselves to their children, my husband and I cherish her deeply. Remembering that day, the mere fact that I can still look into her eyes and talk with her fills me with boundless gratitude.

민낯

조금 특별한 여행이다. 백두산 천지는 이번이 3번째이지만 경암 세미나 및 문학기행으로 이철호 교수님과 문우들이 함께하는 여행이기 때문이다. 소월문학진흥회 회장인 나를 대신하여 남편이 여행의 시종을 진행하였다. 실상 남편은 제자들과 각종 동호회를 이끌며 여행의 가이드를 자처한 베테랑이지만 상당히 연세가 있으신 분들이라 긴장하지 않을 수 없었다. 천지를 보고 모두 안전하게 돌아오기를 무언중 간절히 바라는 마음은 어쩔 수 없었다. 더불어 이번 세미나에는 내가 주제발표자로 서게 되어 기대와 부담감은 경중을 알 수 없는 시소를 탔다. 인천공항을 향한 새벽 4시, 리무진을 타기 전부터 가슴이 울렁거렸다.

  연길 도착, 제1일차엔 용정에서 윤동주 생가 방문 후 일송정 푸른 솔을 뒤로 한 채 이도백하로 이동하였다. 여독도 풀리기 전에 수필에 대한 소고, 김소월의 시 연구에 대한 세미

나를 개최했다.

　중국 공산당이 아니랄까 봐 세미나에 대한 감시도 철저하여 현수막 거는 것도 허용되지 않았다.

　그럼에도 세미나는 성공적이었다. 긴장했던 것에 비해 실력을 마음껏 발휘할 수 있었다. 쟁쟁한 문우들과 함께 어깨를 겨루며 주제발표를 하고 토론하니 날개를 펴는 듯 도약하고 있는 내 모습이 보였다. 뿌듯함, 그것이 오늘의 주제어다.

　제 2일차엔 1442계단을 등정해야만 볼 수 있는 서파의 백두산 천지로 향했다. 많은 인파 속에서 얼마나 기다려야 하는 걸까. 수많은 인파 속에 휩싸여 800여 계단에 도착하니 숨도 너무 차 가마를 타고 올라가고 싶은 마음이 굴뚝같았다. 하지만 주위를 돌아보는 순간, 엄마 품속에 안긴 듯한 아늑한 자연 풍광을 보니 나 자신이 부끄러워졌다. 다시 숨을 고르고 한발 한발 오르다 보니 어느새 백두산 천지가 내 눈앞에 펼쳐졌다.

　어쩌면 이럴 수가 있을까. 천지가 모태의 골반 안 자궁 속의 양수 같았다. 나를 꼭 감싸 안고 품어주는 것 같이 느껴졌다. 순간 너무 황홀하였다. 태고의 숨결이 천지와 나를 잇고 있었다. 백두산의 자궁, 천지의 양수 속에 들어앉은 듯한 신비로움에 한동안 흥분이 가라앉질 않았다.

15년 전엔 채 몇 분 못 보았는데 천지는 자신을 서슴없이 보여 주었다. 사람들은 흥분을 감추지 못하고 셔터를 눌러대었다.

내려오는 길엔 올라갈 때 조급했던 마음보다는 여유로움과 신비함으로 가득했다. 작은 꽃 하나도 예사롭게 보이지 않았다. 그런데 갑자기 시샘하듯 먹구름이 밀려오더니 소나기가 냅다 쏟아졌다. 하마터면 천지를 못 볼뻔하지 않았는가. 비 오는 시점마저 나를 응원하는 듯 가슴을 시원하게 적셔 주었다.

제3일 차엔 북파의 백두산 천지로 향했다. 수십 개의 S곡선이 빼곡했다.

봉고차에 몸을 싣고 이리저리 흔들리자 새벽녘 꿈이 생각났다. 아들이 실오라기도 걸치지 않은 채 알몸으로 나를 쳐다보는 것이 아닌가.

이러면 안 되지? 이러면 안 되지? 그래도 아들은 꿈쩍도 않고 서 있었다. 나는 민망하여 눈을 어디에 두어야 할지 몰라 하다가 소나기 쏟아지는 빗소리에 깨고 말았다. 아무리 해도 꿈 해석이 되지 않았다. 이상한 꿈도 다 있지!

북파에 도착했을 때는 안개가 자욱하게 덮여 있었다. 과연 천지를 볼 수 있을까, 불가능해 보였다. 하지만 천지를 보기 위한 울타리엔 벌써 새까맣게 사람들이 모여 있었다. 서로 가까이 가려고 서로 밀치고 밀리며 대단한 실갱이가 벌어졌다. 한 남성은 자기 아내가 다칠까봐 눈을 부릅뜨고 금방이라도 한 대 때릴 것처럼 소릴 지르기도 하였다. '天地'라고 쓰여진 인생 샷 장소도 서로 먼저 찍으려고 난리법석이었다.

 자욱한 안개로 아무래도 천지를 볼 수 없을 것 같아 일찌감치 나는 포기하고 문우들과 사진 몇 장을 찍으며 어제 천지를 실컷 본 것만도 다행이다 생각하였다. 내려 와 쉬고 있는데 정상에서 와아! 와아! 와아! 함성소리가 진동했다.

 순간 나는 나도 모르게 "나 어젯밤에 고추 봤어, 다시 올라가야 해!" 고함을 쳤다. 가이드의 허락이 떨어지자마자 나는 뛰기 시작했다. 좁은 길을 요리조리 빠져 단걸음에 도착했다.

 이번엔 제일 높은 곳 공안이 지키고 있는 쪽을 공략했다. 하지만 여기도 내 앞에 키가 큰 남자분이 가로막고 있어 만만치는 않았다. 그저 천지를 볼 수 있게 기도하는 마음으로 기다리는 수밖에 없었다. 10여 분이 지났을까 더 이상 지체할 수가 없어서 내 앞에 있는 키 큰 남자분에게 휴대폰을 들이밀며 사진을 찍어 달라고 부탁했다.

 어마 그런데 이게 웬 말인가? 분명 말은 안 통하는데 자기 있는 곳을 가리키며 앞으로 와서 직접 찍으라고 손짓하는 게 아닌가? 그리고 내가 찍은 사진을 보고 처음 열린 곳을 가리키며 뭐라 뭐라 설명까지 덧붙여 주었다.

갑자기 번뜻 어젯밤의 꿈이 해석되었다. 분명 알몸을 보여줬으니 이게 바로 백두산 천지의 민낯을 보여주는 것이었구나. 어쩌면 우리 아들은 백두산 정기를 타고난 백두의 아들이 아닐까.

여러모로 특별하고 인상적인 여행이었다. 마치 아들의 알몸을 바라보았듯이 백두산 천지의 '민낯'을 대하면서 느꼈던 경이로움이라니…. 우리 인간 또한 자연의 일부로 존재하고 있다는 것을 새삼 깨달았다.

The Unadorned Face

This trip was special. Although this was my third visit to Heaven Lake on Mount Baekdu, It felt unique as it was a journey with Professor Lee Cheol-ho and fellow writers as the Geongam Seminar and Literary Tour. My husband, on behalf of me as the president of the Sowol Literary Promotion Society, led the trip. He is a seasoned guide, often leading various groups of students and enthusiasts, but he couldn't help but feel a bit tense due to the age of the participants. I quietly hoped that everyone would see the lake and return safely. Moreover, I was set to give a keynote presentation for this seminar, making my anticipation and anxiety see-saw unpredictably. At 4 a.m., as I boarded the limousine heading to Incheon Airport, my heart fluttered.

Upon arrival in Yanji, we visited the birthplace of poet Yun Dong-ju in Yongjeong on the first day. Then, leaving the green pines of Ilsongjeong behind, we moved to Erdaobaihe. Even before I could shake off the travel fatigue, we launched into a seminar covering reflections on essays and studies on poet Kim Sowol. Unsurprisingly, the watchful eye of the Chinese authorities made its presence felt, even banning us from hanging a banner for the event. Yet, the seminar was a success. Despite my initial nerves, I felt fully capable of presenting my ideas. Engaging in discussions and delivering my keynote among prominent peers gave me a sense of soaring, as if spreading my wings. Pride-that was the theme of the day.

On the second day, we set out for the western side of Heaven Lake on Mount Baekdu, which required climbing 1,442 steps to reach. Amid the throngs of people, I wondered how long we'd have to wait. Upon reaching the 800th step, I was so out of breath that I desperately wanted to take a sedan chair up the remaining distance.

But when I paused to take in the cozy scenery, as if nestled in a mother's embrace, I felt a tinge of shame. Regaining my breath, I resumed my climb, step by step, until Heaven Lake unfolded before my eyes.

It was extraordinary. The lake seemed like amniotic fluid within a mother's womb, as if it was holding me close and embracing me. The primordial connection between Heaven Lake and myself was palpable. In those moments, I felt a mystical excitement that lingered for a while. Fifteen years ago, I could barely catch a glimpse of it, but today, Heaven Lake revealed itself fully, openly. People excitedly clicked their cameras. As we descended, my initial impatience transformed into calm awe. Even a single flower seemed extraordinary. Suddenly, dark clouds gathered as if envious, and rain poured down, refreshing my spirit. I was grateful for having witnessed Heaven Lake just in time.

On the third day, we headed to the northern side of Heaven Lake, following a series of countless S-curves. Riding the bumpy van, I recalled a dream I had at dawn.

My son stood before me, completely naked, staring at me. "This isn't right," I thought, feeling uneasy, but he remained motionless. Not knowing where to look, I was jolted awake by the sound of the rain. No matter how much I thought about it, I couldn't interpret this strange dream.

When we arrived at the northern side, dense fog blanketed everything. It seemed impossible to see Heaven Lake, yet people were already crowding around the viewing area, pushing and shoving to get closer. A man, fearing his wife might get hurt, shouted as if ready to strike someone. There was a commotion as people clamored to take a shot in front of the '天地' sign.

Resigned to not seeing the lake through the fog, I took a few photos with my peers, feeling grateful I had already seen it yesterday. As I was resting, cheers suddenly erupted from the top of the peak. Instinctively, I shouted, "I saw something last night – I have to go back up!" Receiving permission from our guide, I started running, weaving through narrow paths, until I arrived.

This time, I aimed for the highest viewpoint guarded by security. However, a tall man blocked my view. Desperate to see Heaven Lake, I held up my phone, asking him to take a photo for me. To my surprise, though we couldn't speak the same language, he gestured for me to come up beside him to take it myself. He even pointed out the best angles as if explaining where the lake had just appeared.

Suddenly, my dream from last night made sense. His bare form had revealed itself to me, symbolizing Heaven Lake's 'unadorned face.' Perhaps my son, too, carries the spirit of Mount Baekdu within him, as if he were born of its essence. The experience was extraordinary, leaving an indelible impression. Gazing upon the 'bare face' of Heaven Lake was as awe-inspiring as beholding my son's nakedness in my dream. This journey reminded me that we humans are, indeed, part of nature.

혼수

"대학에 가는 사람은 시집, 장가갈 때 혼수를 못 해 준다. 그러나 본인 성적이 부실해서 못 가든지, 가기 싫든 좋든 대학에 가지 않는 사람은 대신 혼수를 마련해 주겠다."

부모님은 오남매를 감당하기 어려우신지 큰딸인 나를 대학에 보내지 않으려고 하신다. 작은동생의 피아노 레슨비를 아끼면 나도 대학에 갈 수 있다며 울며불며 밥도 먹지 않고 떼를 쓰며 갖은 항변을 하자 어렵게 대학에 보내 주셨다.

구사일생으로 대학 입학하는 날, 45세의 아버지께서 단양의 벽오지로 인사 발령을 받았다. 한 달간 하숙을 하고 집에 온 날 조용히 다섯 남매를 불러 앉혀 놓고 하신 말씀이었다.

'난 좋아요' 엄마의 잔소리를 많이 듣고 사는 것보다 차라리 동생들 돌보는 편이 낫겠다고 속으로 쾌재를 불렀다. 아빠가 한마디를 덧붙이셨다. 이제부터 우리 집 가장은 제일 큰누나다. 6·25와 같은 전쟁이 다시 일어나면 큰누나 말에 절대복종하고 살아야만 한다고 하셨다.

  문득 그 말씀에 책임감, 중압감까지 느끼며 동생들을 다잡기 시작했다. 무던히도 애를 쓰는 내가 불쌍했던지 그래도 동생들이 말을 잘 듣고 따라주었다. 여동생이 두 명, 남동생이 두 명, 네 명이나 책임을 져야 했고 동생들의 가장이 된 나는 미팅도 제대로 못 해 보고 졸업했다.

  갑작스럽게 환경이 바뀌고 이사 온 지 얼마 되지 않아서 그런지 엄마 아빠의 사랑이 고팠는지, 막내가 밤에 이상한 행동을 하기 시작했다. 밤에 자다가 벌떡 일어나 전기밥솥 뚜껑을 열고 밥솥에다 쉬를 갈겨 댔다. 처음엔 잠결이라 그러려니 웃느라 정신이 없었는데, 내가 늦게 오거나 하면 실수가 더 잦아졌다. 어느 날은 대문 밖에서 풀이 죽어 쪼그리고 앉아 마냥 나를 기다리고 있는 걸 보았다. 마음이 아려왔다. 단호함이 필요했다. '가정이 항상 먼저여야 그 다음이 있다, 가족이 최고다'라는 아버지의 말씀이 뇌리에 항상 새겨져 있었기 때문이다.

  그 후론 단체 미팅이건 뭐 건 그냥 집에 일찍 와서 동생들을 보살폈다. 때론 내가 옳다고 억지도 부려 가면서 동생들 도시락을 5개씩 준비하며 함께 의지하며 학교생활을 해나갔다. 어떤 날은 동생들이 자랑스러웠다. 엄마랑 아빠는 시골에 가서 고생하는데 성적이 떨어지면 정신 안 차린 거라며 정신이 번쩍 나게 큰누나가 때려 달라고까지 했다. 하지만 가끔 도시락 반찬 투정할 때는 매우 난감했다.

그런 나를 보며 절친 삼총사 친구들도 의심했다. '너네 엄마 이상하다, 계모가 아니냐'고 조심스럽게 물었다. 하지만 울 엄마는 절대 계모가 아니다.

새내기 대학생인 난 당차게도 엄마와 모정의 계약을 한 게 있었다. 내가 사달라고 하는 책과 참고서는 무조건 다 사줄 것, 버스비와 간식비 외 대학생은 3만 원, 고등학생은 2만 원, 중학생은 1만 원의 용돈을 따로 줄 것, 그리고 대학교를 졸업 할 때 현금 200만 원과 양장 두 벌, 그리고 핸드백과 구두도 주문해 두었다.

대학생 시절부터 난 친구가 싸 온 도시락을 늘 얻어먹기가 미안해 라면은 항상 내가 샀다. 친구들은 내가 사 주는 라면을 좋아했고, 난 친구 엄마가 싸 준 도시락을 맛있어 했다.

하루는 동생이 성적표를 가져왔다. 그런데 1등이긴 한데 평균 점수가 3점 이상 하락했다. 아빠와 엄마가 너무 먼 데 가서 고생하신다, 정신을 안 차릴 때는 큰누나가 때려서 정신을 차리게 해 달라는 평소의 부탁대로 엎드려뻗쳐를 시키고 엉덩이를 있는 힘껏 빗자루로 두 대 내리쳤다. 그런데 아뿔싸 많이 아파서 그런 건지 자존심이 상해서 그런 건지 반항기 사춘기가 시작되어서 그런 건지 갑자기 벌떡 일어나더니 내 손을 꼭 잡고 항변을 했다. 순간 너무 당황하고 두려웠다. 동생 힘이 너무 세어 하마터면 자빠질 뻔했다. 그다음부턴 한 번도 동생들이 나한테 맞아 본 적이 없었다.

동생들 뒷바라지하고 장학금을 받아 가며 졸업할 때 난 12만 원의 장학금과 엄마에게 받은 200만 원의 종잣돈이 있어 무척 부자가 된 기분이었다. 무엇이든 '하면 된다'고 생각하고 살았던 것 같다. 지금 돌이켜 생각해 보면 학생들이 민주주의 열망에 사로잡혀 있던 그때에, 나는 가족이라는 울타리를 지켜내기 위해 겁나는 게 없었다.

Wedding Gifts

"You who go to college can't prepare wedding gifts when you get married. However, if you fail to get into college due to poor grades or simply don't want to go, we will prepare wedding gifts instead."

It seemed my parents found it difficult to manage five children, as they were reluctant to send me, their eldest daughter, to college. I pleaded with them, crying and refusing to eat, arguing that if they saved on my younger sister's piano lessons, I could attend college. Eventually, they relented and allowed me to go.

On the day of my college entrance, my father, at 45, received a transfer to a remote area in Danyang. After a month of boarding, when I came back home he quietly gathered all five siblings and spoke to us.

"I'm okay with this," I thought to myself, feeling that taking care of my siblings was better than enduring my mother's nagging. My father added that from now on, the head of our household would be me, the eldest sister. He insisted that in case of another war like the Korean War, they must obey my words without question.

Suddenly, I felt a wave of responsibility and pressure, and I began to take charge of my younger siblings. Perhaps because they felt sorry for me, seeing how hard I was trying to take care of them, my younger siblings still listened to me well and followed my lead. I had to take care of two younger sisters and two younger brothers, and I graduated without even experiencing proper dates.

Adjusting to our new environment seemed to take a toll; perhaps my youngest sibling was craving my parents' affection, began exhibiting strange behavior at night. He would suddenly wake up, open the rice cooker, and urinate in it. At first, I laughed it off, thinking it was just sleepwalking, but the accidents became more frequent when I returned home late. One day, I found him sitting outside our gate, looking dejected and waiting for me. My heart ached. I realized I needed to be firm. My father's words, 'Family must always come first' echoed in my mind.

From then on, I focused on being home early to take care of my siblings, even skipping group outings. Sometimes I insisted on things I believed were right, preparing five lunch boxes for them while navigating school life together. There were days I felt proud of my siblings. While Mom and Dad are struggling in the countryside, my younger siblings say that if their grades drop, it means they aren't focused, and they even ask me to hit them to help them get their act together. Occasionally, when they complained about their lunch box sides, it was a challenge for me. My close friends even questioned, "Is your mom really your mom? Are you sure she's not a stepmother?" But I assured them, my mom was definitely not a stepmother.

As a college freshman, I had made a deal with my

mother: she would buy me any books and study materials I asked for, give 30,000 won for a college student, 20,000 won for high school, 10,000 won for middle school, and provide me with 2 million won, two suits, a handbag, and shoes upon my graduation.

During college, I always felt sorry about eating the lunch boxes my friends brought, so I would buy ramen for everyone instead. My friends loved the ramen I bought, and I enjoyed the lunch boxes prepared by their mothers. One day, my youngest sibling brought home his report card. He had the highest score but his average had dropped by over three points. As they always asked, I had him lie down and gave him hard swats on the bottom with a broom to help them snap out of it. However, perhaps it was out of pain or wounded pride, or maybe it was just typical teenage rebellion, but he suddenly sprang up and grabbed my hand tightly, protesting. I was taken aback and frightened; his grip was so strong I almost fell over. From that moment on, my siblings have never been hit by me again."

By the time I graduated, after supporting my siblings and earning scholarships, I felt wealthy with 120,000 won in scholarships and the 2 million won from my mom as starting capital. I believed that anything was possible. Looking back, during that time when students were filled with aspirations for democracy, I felt fearless in my mission to protect the bonds of family.

엄마의 해당화

"해당화 곱게 피는 섬마을에 철새 따라 찾아온 총각 선생~"

아침의 일상은 새소리, 동생의 피아노 소리, 엄마의 노랫소리를 들으며 눈을 비비며 일어났다. 피아노 소리와 엄마 노랫소리를 들으면 무슨 곡인지 몰라도 마음이 평온하고 즐거웠다. 엄마는 밥하거나 빨래할 때 늘 이미자 가수의 노래를 즐겨 부르셨다. 엄마는 어떤 노래든 한두 번만 들으면 음정 박자가 정확했다. 엄마가 행복해 보여서 이런 시간이 참 좋았다.

초등학교 시절 전학을 세 번이나 다녔다. 6학년 때 처음 전깃불이 들어오는 곳으로 이사를 왔다. 사춘기가 빠른 남자아이들은 무척 더 짓궂게 굴었고 고무줄놀이, 공기놀이, 오재미 놀이, 줄넘기 놀이로 친구들과 금방 친해졌다. 특히 집을 새로 지은 친구는 책이 무척 많아 더욱 친했다. 책 읽는 걸 저학년 때는 별로였는데 고학년이 되면서 훨씬 좋아했다. 난 그 친구에게 책을 빌려 늘 책 속에 파묻혀 살았다. 그때 권선징악을 처음으로 제대로 배운 것 같다. 마음속으로 어른이 되면 착하고 어렵고 힘든 사람들을 도우면서 살아야지 하고 결심했다.

그런데 아빠가 가끔 노름을 하느라 집에 안 들어오셨다. 그런 날은 어김없이 엄마가 화도 많이 내고 우셨다. 아빠는 잘못을 했다고… 다시는 안 하겠다고… 엄마한테 싹싹 빌었다. 그러나 그 노름은 내가 대학생 때까지 지속되었다. 간호대학생이었던 난 교수님의 가족간호학과 유전에 관한 강의를 듣게 되었다. 강의 주 내용은 최상의 교육은 부모가 가장 좋은 롤모델이 되어야 한다는 거였다. 그러던 어느 날 아빠가 한숨만 자면 잠이 잘 안 온다고 하면서 동생들 교육문제 노후 대책에 관한 얘기를 꺼내셨다. 때는 이때다 싶어 아빠랑 대화를 제대로 하고 싶었다. 난 가슴 한켠에 고이 간직한 아빠의 노름 문제를 조심스럽게 꺼냈다.

"아빠 난 엄마가 우는 게 제일 싫어요. 우리 집은 늘 행복한데 아빠가 노름만 하고 오면 엄마가 울어요. 엄마 그만 울리면 안돼요? 그리고 노후 대책은 안 하셔도 되요. 우리 오남매가 있잖아요. 아빠 엄마 노후대책은 우리 오남매예요. 잘 키워 주셨잖아요" 또 "아빠 노름하면 얼마나 따오세요? 나중에 취직하면 용돈 안 떨어지게 해 드릴 테니 제발 그만 두세요. 이런 걸 누가 닮겠어요? 여동생들보다 남동생들이 더 많이 아빠를 닮을 것 같아요" 평소 아빠가 말씀하셨듯이 '늦었다고 생각했을 때가 가장 빠른거라면서요' 하며 두 손을 싹싹 빌면서 부탁드렸다.

아빠가 노름하고 오던 어떤 날은 엄마가 나를 일부러 불러 노름 얘기를 또 하라고 언질을 주셨다. 그러나 난 마음에 없을 땐 절대 억지로 하지 않았다. 진정으로 마음에서 우러날 때만. 엄마가 불쌍하게 느껴질 때만 아빠랑 얘기했다.

그런 일이 몇 차례 더 있은 후 아빠는 용기를 내어 오남매를 불러 앉혔다. 그동안 미안했다며 이제 다시는 노름을 하지 않겠다면서 오남매와 이런저런 약속을 하셨다. 약속을 실제로 지킨 아빠를 오남매는 무척 좋아하고 자랑스러워했다. 엄마도 그런 날 은근 좋아하고 자랑스러워했다.

직장생활을 할 땐 실제로 아빠 용돈이 떨어지기가 무섭게 보내 드렸다. 스승의 날엔 교장실로 전화해서 계좌로, 평상시엔 호주머니 속에, 아니면 악수하면서 엄마 몰래 숨바꼭질하며 드렸다. 그리고 이 세상에서 가장 훌륭한 스승은 우리 아빠라고… 가장 존경한다고….

지금 생각해 보면 그때가 아빠의 갱년기였던 것 같다. 아빠는 자식들 앞에서 노름 얘기를 꺼내실 때 얼마나 많이 힘이 드셨을까? 그때의 아빠 심정을 깊이 헤아려 드리지 못한 건 아닐까 못내 아쉽다.

엄마는 이전처럼 다시 해당화 콧노래를 부르며 행복해 하셨다. 웃음소리와 노랫소리로 늘 행복이 넘쳐났다.

아빠가 돌아가시고 안 계신 요즈음 엄마의 콧노래가 그립다. 아빠를 일찍 잃고 의료기 체험하는데 가서 잘 알지도 못하면서 손을 일등으로 번쩍번쩍 들면서 거액을 날리셨다. 스트레스를 받던 어느 날 집에 도둑이 들어 돈과 핸드백마저 잃었다. 그러다 얼마 후 또 한 차례 사기를 당했다. 그 뒤로 점점 하나씩 기억을 잃어 가고 있다. 아빠는 어디 갔냐고 묻고 또 묻고···.

모든 사람이 가장 두려워하는 치매가 온 것이다. 오남매가 똘똘 뭉쳐 엄마의 기억을 하나씩 꺼내 주며 갖은 정성을 쏟고 있지만 시간은 우리 오남매 편이 아니다. 오남매가 아무리 잘한들 엄마는 아빠가 살아 있을 때보다 더 행복할까? 여기까지 생각이 미치면 가슴이 시리도록 아프다. 오남매는 엄마를 보낼 마음의 준비가 아직 덜 되었다. 곱게 물든 은행잎의 노란 단풍과 저물어 가는 황금 들녘 너머로 다시 들려줄 엄마의 해당화 노랫소리가 그리워진다.

Mother's Sweet Briar

"On that island where the sweet briar blooms so beautifully, a young man followed the migratory birds and came to stay~"

Every morning, I would wake up rubbing my sleepy eyes to the sound of birds, my sibling playing the piano, and my mother singing. Even if I didn't recognize the song, the piano notes and my mother's voice always made me feel peaceful and happy. She loved singing Lee Mi-ja's songs while cooking or doing laundry, and no matter what song it was, she could pick up the melody and rhythm perfectly after just a couple of listens. Watching her so happy during those moments brought me so much joy.

I transferred schools three times during elementary

school. When I was in sixth grade, we moved to a place where we had electric lights for the first time. The boys, who had entered puberty early, often teased me relentlessly, but I quickly made friends through games like rubber band jumping, jacks, OhJaemi, and jump rope. One of my friends had a newly built house filled with books, which made us even closer. When I was younger, I didn't care much for reading, but as I got older, I found myself drawn to books. I would always borrow them from my friend, losing myself in their pages. That was when I first truly grasped the idea of good triumphing over evil. I made a silent vow that when I grew up, I would live my life helping those who were struggling.

But then, there were nights when my father didn't come home because he had been gambling. On those nights, my mother would inevitably grow furious and cry. My father would apologize profusely, swearing that he would never do it again.

Yet, his gambling continued, even until I was in

college. As a nursing student, I attended a lecture on family nursing and genetics. The professor emphasized that the best education for children was having parents who set the right example. One day, my father sighed, saying he struggled to sleep at night because he worried about our education and his retirement. I saw my chance – I had long held onto my feelings about his gambling, and I decided to speak up carefully.

"Dad, I hate seeing Mom cry the most. Our home is always happy, but every time you gamble, Mom cries. Can't you stop making her cry? And you don't have to worry about retirement. You have five children – we are your retirement plan. You raised us well."

Then, I added, "Dad, when you gamble, how much do you even win? Once I get a job, I'll make sure you never run out of spending money. Just please, stop. Who do you think will pick up this habit? My younger brothers are more likely to take after you than my sisters. Didn't you always say that the best time to change is when you think it's too late?" I clasped my hands together and pleaded with him.

I clasped my hands together and pleaded with him.

Some nights, after my father had gambled, my mother would discreetly signal me to bring it up again. But I never forced myself to say anything unless I truly meant it, unless I deeply felt how unfair it was for my mother.

After several of these conversations, my father finally gathered the courage to sit all five of us down. He apologized for everything and promised that he would never gamble again. And he kept his promise. We, his children, were so proud of him, and even my mother, though she didn't say much, couldn't hide her quiet satisfaction.

When I started working, I made sure my father never ran out of money. On Teacher's Day, I would secretly deposit money into his account and then call his school's principal's office. Other times, I would slip money into his pocket, or pass it to him discreetly while shaking hands, making sure my mother didn't see. I always told him, "Dad, you are the greatest teacher in the world. You are the person I respect the most."

Looking back now, I realize that was probably my father's midlife crisis. How difficult must it have been for him to bring up his gambling in front of us? Did I ever truly understand his feelings back then? The thought lingers, filling me with regret.

After that, my mother returned to her habit of humming 'Sweet Briar' again, happiness filling the house once more. Our home was alive with the sound of laughter and song.

Now, after my father's passing, I find myself longing for my mother's humming. Having lost my father too soon, she began attending medical device demonstrations, eagerly raising her hand to participate without fully understanding what was happening–losing a fortune in the process. One day, while she was under immense stress, a thief broke into the house and stole her money and handbag. A little while later, she was scammed again.

Since then, she has slowly begun to lose her memories, repeatedly asking where my father has gone. The very thing that people fear most-dementia-has come for her. Though my siblings and I are doing everything we can, bringing up old memories and pouring our hearts into caring for her, time is not on our side.

No matter how much we try, can we ever make her happier than when our father was still alive? The thought of it makes my heart ache unbearably.

Beyond the yellow autumn leaves of the ginkgo trees, beautifully dyed, and the fading golden fields, I long once more for the sound of my mother's 'Sweet Briar' song to reach me again.

세상에서 가장 따뜻한 이불

학창시절 교수님의 '아두가 골반을 통과하며 몰딩이 일어나면 아이큐가 평균 숫자 3이상 좋아진다는 연구 결과가 있다'라는 강의를 듣고 무슨 일이 있어도 자연분만을 주장하던 나였다. 하지만 난 아주 심한 협골반이라 두 아이를 모두 제왕절개 수술로 얻었다. 첫 아이 때는 친정엄마의 지극 정성으로 화상을 입을 정도로 일명 산후조리를 잘했다. 하지만 둘째를 낳을 땐 분만 예정일이 3주 이상 남았는데 산전 출혈이 있었다. 난 은근히 아기가 잘못될까 봐 무척 걱정이 되었다. 의사 선생님은 전치태반을 걱정하며 입원을 요구했다. 밤새 진통을 겪고 첫 수술을 다음 날 아침 6시 30분에 하자고 하셨다.
그 당시 제왕 절개술을 할 때 충수돌기도 함께 수술하는 게 대세였다. 3번의 수술은 무리라며 남편의 제안으로 둘째를 수술해서 낳을 때 충수돌기를 함께 수술하기로 했다. 마취가 시작되었다. 칼이나 송곳 같은 걸로 살살 찌르며 배가 아프냐며 묻더니 아직 아프다고 하는데도 칼로 배를 절개했다. 배를 가름과 동시에 내 귀에는 쫘~악 쫙! 천둥치는 소리가 들렸다. 마취가 덜 된 난 의사 선생님을 향해 나 아직 마취도 덜 됐는데 내 배를 벌써 째면 어떡해요? 하자 누군가를 부르며 뭔가 지시하는 소리가 들렸다.

그리곤 얼마나 지났을까? 나를 깨우는 소리가 들렸다. 산전출혈이 있던 나는 아기가 건강한지, 살았는지 몹시 초조하고 불안했다. 그래서 아기의 생과 사를 알려면 아기의 몸무게가 가장 정확할 것 같아 몸무게를 물었다. 아무도 나의 심정을 몰라주고 아기가 예쁘다는 둥 당신만 괜찮으면 된다는 둥 동문서답만 해댔다. 아니 아기 몸무게가 몇 킬로그램이냐구? 너무너무 아프고 기력은 없는데 아기를 잃었을까 봐 배를 움켜쥐고 소리를 질렀다. 때마침 간호사가 알아듣고 3.38kg이라 했다. 마취가 덜 깬 난 그 순간 아기가 살아만 있으면 괜찮다 싶었다. 아프지도 않은 충수돌기를 제왕절개 수술할 때 함께 수술해서 그런지 기력이 너무 저하되어 정말 아기만 살았으면 나머진 아무래도 괜찮다고 생각했다. 만사 귀찮고 힘들고 아기를 보러 갈 기력조차 없었다. 신생아실에 있는 아들을 수술 후 3일째 되는 날 처음 보러 갔다. 귓속말로 딸보다도 무척 예쁘다고 당신만 괜찮으면 된다고 했던 남편의 말이 무색했다. 그런데 신생아실에서 처음 보고 모유수유를 하고 돌아선 지 5분쯤 지났을까? 3일 동안 너무 아파 한 번도 보고 싶은 생각도, 보러 갈 엄두도 못 냈는데, 방금 보고 왔는데 또 보고 싶고, 또 보고 싶고… 정말 이런 게 모정일까? 새 생명의 탄생에, 그리고 살아 있음에, 감사의 눈물이 와락 쏟아졌다. 이 세상에 나만 아기를 낳았고, 나만 특별한 아들을 낳은 것처럼, 온 우주를 다 얻은 것처럼, 행복했던 그 순간을 지금도 잊을 수가 없다.

한여름의 끝자락이었고 너무 습했다. 수술 3일째 되는 날이었다. 너무 후덥지근하고 숨을 쉬기 힘들 정도로 비가 부슬부슬 오던 날이었다. 퇴근만 하고 오면 옆에서 간호하던 남편한테 숨쉬기가 너무 힘이 든다고 하자 유리 창문을 열어 주었다. 둘 다 너무 피곤하고 지쳤는지 그날 창문을 열어 둔 채 밤새 그냥 잠이 들었다. 새벽에 무릎이 너무 시리고 아파서 잠이 깨었다.

그 이후로 어떤 이불을 덮어도 소용이 없고 환갑이 지난 지금까지 무릎이 시리고 아파서 고생을 하고 있다. 날씨가 춥거나 덥거나 너무 힘들고 아팠다. 추우면 추워서 시리고 아프고, 더우면 덥다고 선풍기나 에어컨을 틀면 다른 부위는 괜찮은데 무릎이 시리고 아파서 어쩔 줄을 몰라 손으로 무릎을 문지르며 잠시라도 통증을 달래면서 이제까지 살았다. 이불을 덮고 있어도 시리고 아파서 저절로 눈물이 났다. 이게 바로 어른들이 무섭다고 했던 '산후 몸조리를 못 하면 바람이 든다'는 것 같았다. 어떻게 해야 덜 시리고 덜 아픈지 방법도 제대로 알지 못했다.

처음엔 이런 날 남편도 이해하지 못했다. 몇 해가 지났을까? 어느 날 남편의 다리로 감싸주었는데 아프지도 않고 시리지도 않아 밤새 꿀잠을 잤다. 하지만 이런 꿀잠은 오래 가지 않았다. 본인이 숙면하지 못한다며 귀찮아했던 것이다. 그럴 때마다 그런 남편이 야속해 눈물을 삼키며 속상해 한 적도 있었다.

30년 이상 함께 살다 보니 이제야 남편은 아무 말 없이 본인의 다리로 내 무릎을 감싸 주며 세상에서 가장 따뜻한 이불이 되어 준다. 건강하게 오래도록 함께해 언제까지나 내 옆에서 따뜻한 이불이 되어주길 …. 누구도 흉내 낼 수 없는 세상에서 하나밖에 없는 가장 따뜻한 이불이다.

*몰딩: 분만시 아두(애기머리)가 산도를 통과할 때 골반크기와 형태에 적응하며 변화하는 것을 거푸집 현상(몰딩, molding)이라고 합니다 이러한 비대칭은 분 만 후 며칠이 지나면 둥근 형태로 회복됩니다.

*전치태반: 태반이 정상 위치보다 아래쪽에 자리를 잡아 자궁 입구를 막은 상태. 수정란이 비정상적으로 자궁 아래쪽에 착상하기 때문에 일어나며 임신 말기에 무통성 출혈을 일으킬 수 있다.

The Warmest Blanket in the World

During my school years, I attended a lecture where the professor stated, "Research shows that when the baby's head passes through the pelvis, the IQ improves by an average of 3 points." Because of this, I firmly believed in natural childbirth. However, I had a very severe contracted pelvis, and I ended up having both of my children through cesarean section. With my first child, my mother took exceptional care of me, to the point that I suffered from burns due to the intense postpartum care. But when I was giving birth to my second child, I experienced prenatal bleeding, even though my due date was still over three weeks away. I was very worried that something might go wrong with the baby. The doctor, concerned about placenta previa, insisted on hospitalization.

After enduring labor pains all night, the doctor suggested performing the surgery at 6:30 the next morning. At that time, it was common to also remove the appendix during a cesarean section. My husband suggested that since three surgeries would be too much, we should have the appendix removed while delivering the second baby.

As the anesthesia began, I felt a needle or something sharp poking my abdomen, and they asked if it hurt. Even though I said it did hurt, they proceeded to cut my belly. As they made the incision, I heard a loud thunderous sound in my ears. Still partially under anesthesia, I shouted at the doctor, "What if you've already cut my belly before the anesthesia fully kicked in?" I then heard someone being called and giving some kind of instructions.

How long had it been? I heard someone waking me up. Having experienced prenatal bleeding, I was extremely anxious about whether my baby was healthy or even alive. I thought that knowing the baby's weight would be the most accurate way to understand baby's condition, so

I asked for the baby's weight. No one seemed to understand my feelings; they only responded with vague comments about how cute the baby was and that as long as you were okay, everything was fine. "No, what is the baby's weight?" I cried out, clutching my belly, terrified that I had lost the baby. Just then, a nurse finally understood and said the baby weighed 3.38 kg. At that moment, still not fully awake from the anesthesia, I felt relieved that as long as my baby was alive, everything would be alright. I thought about how I had undergone a cesarean section and appendix surgery for something that didn't even hurt, and my strength was so depleted that I felt like as long as the baby survived, I didn't care about anything else. I felt too exhausted and overwhelmed to even think about visiting the baby. On the third day after surgery, I finally went to see my son in the neonatal unit. The words of my husband, who had whispered that our baby was even prettier than a daughter and that as long as I was okay, everything was fine, felt insignificant.

But it had only been about five minutes since I had

first breastfed him in the neonatal unit when I suddenly wanted to see him again. I had been in so much pain that I hadn't even wanted to think about seeing him for three days, yet now, having just seen him, I wanted to see him again and again. Could this really be what maternal love feels like? Tears of gratitude poured down as I reflected on the birth of this new life and the fact that we were alive. In that moment, it felt like I was the only one in the world who had given birth and that I had brought a special son into this world, as if I had gained the entire universe. I still cannot forget that moment of happiness.

It was late summer, and the weather was extremely humid. It was the third day after my surgery. It was a day when the rain was drizzling down to the point where it was hard to breathe due to the muggy weather. After my husband returned from work, I told him that it was difficult to breathe, and he opened the window. Perhaps both of us were very tired and exhausted because we fell asleep with the window open that night. In the early morning, I woke up due to pain and stiffness in my knees. No matter what blanket I covered myself with, it was useless, and since then, even after my sixtieth birthday, I have continued to suffer from knee pain. Whether it was hot or cold, it was always hard and painful. When it was cold, my knees ached from the chill, and when it was hot, I would turn on the fan or air conditioner, but while the other parts of my body felt fine, my knees would still ache. I would often rub my knees with my hands to relieve the pain, and that's how I lived. Even when I covered myself with a blanket, the pain was so intense that tears would flow without me realizing. This seemed to reflect the adults' warning that "if you don't take care of your body after giving birth, you'll catch a cold." I didn't even know how to feel less cold and less pain. At first, my husband didn't understand my condition on days like that.

Several years passed. One day, he wrapped his legs around my knee, and I felt no pain or chill. I slept soundly through the night. However, this blissful sleep didn't last long; he complained that he couldn't sleep well and found it bothersome. Each time that happened, I felt a little upset and swallowed my tears.

After living together for more than thirty years, my husband now wraps me in his legs without saying a word, becoming the warmest blanket in the world. I hope we can be healthy and together for a long time, and that he will always be my warm blanket by my side. He is the most unique and warm blanket that no one else can imitate.

세상에 공짜는 없다

4살 때 딸을 잃을 뻔했던 기억이 아직도 생생하다. 운전 연습 나온 차량이 인도로 뛰어들어 딸아이가 차 밑으로 들어갔다. 다행히 몸은 이상 없었고 찰과상과 옷만 너덜너덜 찢기었다.

그런 딸아이가 이젠 시집을 갈 나이가 한참 지났다. 5살 때부터 의자에 올라가 고사리손으로 엄마 힘들다며 설거지를 해 주던 딸아이다. 전공을 2가지나 하느라 대학생활을 8년이나 했다. 사실 문헌 정보학을 했지만 취직자리가 좁아지며 갑자기 기간제 자리가 많았다. 그러던 중 우연찮게 아빠 하던 일을 도와주고 있었는데 뉴스 시간에 화면 밑에 정원 외 10명을 간호학과에서 모집한다는 광고가 지나갔다. 그때 딸아이가 간호학과에 관심을 보였고 원서를 내게 되어 합격 통지서를 받았다. 딸아이는 설마 본인이 불합격하겠느냐며 거드름을 피웠다. 난 아버지가 내게 쓰신 방법을 고스란히

써먹었다. 동생들이 많다며 2년제 교육대학만을 고집했던 아버지였다. 문과였던 난 매우 불리했다. 그러던 중 간호대학을 권하면서 재수해서 교육대학을 진학해도 3년, 그냥 간호대학을 가도 3년, 그리고 재수해서 꼭 교육대학에 합격하라는 보장이 있느냐, 간호대학을 극구 권해서 할 수 없이 진학하게 되었다. 그때 "합격해도 난 절대 안 가요, 두고 보세요"하고 자만하며 철부지처럼 외쳤던 나였다. 딸아이도 똑같이 나처럼 그렇게 자만심을 부렸다.

그때 가정형편을 처음으로 딸아이에게 말했다. 아파트가 두 채 있었는데 네 아빠가 현금 2억과 땅 판 돈을 주식으로 모두 날렸다. 네 동생도 가르쳐야 된다며 4년 동안 공부할 때 들어간 비용은 네가 갚아줘야 네 동생 공부할 여력이 생긴다. 네가 장학금 하나도 받지 않고 공부했다고 치고 간호학과에 입학하면 늘 1등을 해야만 한다며 딸아이를 겁박했다.

그때부터였던 것 같다. 난 직장 일이 끝나고 딸과 아들을 픽업하고 나면 에너지가 없어 저녁을 차리지도 못하고 힘들어했다. 그때부터 딸아이가 김치볶음밥부터 시작해 김치찌개, 냉면, 자장면, 고등어조림, 갈치조림, 찜닭, 닭백숙, 호박죽, 된장찌개 등 칼질만 하면 뚝딱 맛있는 밥상을 대령했다. 내가 엄마가 맞나 싶을 정도였다. 분명 나를 닮진 않은 것 같았다. 난 깔끔 떠느라 아무래도 느렸다.

　나와 똑같이 딸아이도 학교와 집밖에 모르고 살았다. 그런 딸이 이제는 세상에서 가장 따뜻한 밥을 차려주며 직장생활을 하고 있다. 대학친구들이 "너의 엄마 혹시 계모 아니야? 왜 너만 동생들을 책임지라고 해"라고 했을 때처럼 나도 딸을 혹사시키는 것은 아닐까? 반성도 해보지만 딸아이는 음식 만드는 걸 무척 좋아한다.

　딸아이가 메뉴를 정해 열심히 요리하면 난 열심히 설거지해서 딸아이가 좀 더 편안하게 요리하도록 돕는다. 간이 너무 세지 않으면 칭찬을 아끼지 않는다. 갖은 잡곡을 넣어 만든 정성 어린 건강 밥상은 참으로 맛있다. 고급 레스토랑이나 맛집의 음식이 이보다 맛있고 행복하랴.

　요즈음에는 세상에는 공짜가 없다는 생각이 절로 든다. 대학생 시절 동생들을 잘 돌봐줘서 이런 호사 누리는 걸까 하는 생각이 스쳐 지나기 때문이다.

　그러나저러나 딸아이가 결혼할 생각이 전혀 없는 눈치라 걱정스럽다. 강아지에게 흠뻑 빠져서 개 엄마 역할까지 하느라 무척 바빠 보인다. 누가 저 보물을 업어 갈까? 세상에서 가장 따뜻한 밥상으로 행복할 사위를 상상해 보며 슬쩍 행복해진다.

Nothing in the world is free

I can still vividly remember the time I almost lost my daughter when she was four. A learner driver lost control and drove onto the sidewalk, sending her tumbling beneath the car. Thankfully, she suffered no serious injuries – just a few scrapes and torn clothes. Now, she has long passed the age for marriage.

Since she was five, she would climb onto a chair, tiny hands eager to help, washing dishes to ease her mother's burden. She spent eight years in college pursuing two majors. Though she studied Library and Information Science, the job market for her field was shrinking, and temporary positions were becoming more common. One day, while helping her father with his work, she saw a news ticker at the bottom of the TV screen: a nursing program was recruiting ten additional students outside its regular admissions quota. That piqued her interest, and she decided to apply. When she received her acceptance letter, she feigned nonchalance, saying she had never doubted her success.

I employed the same method my father had once used on me. Back then, my father insisted I attend a two-year teacher's college due to our family's financial situation. As a liberal arts student, I was at a disadvantage for other paths. He suggested nursing school instead, reasoning that whether I retook the college entrance exam or enrolled in nursing school right away, it would still take three years either way. And there was no guarantee I'd pass the exam the second time. Reluctantly, I gave in. I had arrogantly declared, "Even if I get accepted, I'm not going!" – only to eat my words. My daughter, too, showed the same kind of youthful pride.

It was then that I first spoke to her about our financial situation. We had owned two apartments, but her father had lost everything–two hundred million won in cash and the proceeds from selling our land-through stock investments. Her younger sibling still needed support for his education. I told her that the costs of her four-year degree would have to be repaid so her sibling could also have a chance. Since she hadn't received any scholarships, I pressured her, saying that if she pursued nursing, she had to be at the top of her class.

From that moment on, something shifted. After work, I was often too exhausted to cook, barely managing to pick up my children before collapsing from fatigue. My daughter stepped in, starting with simple kimchi fried rice. Soon, she was making kimchi stew, cold noodles, black bean noodles, mackerel stew, braised cutlassfish, jjimdak(braised chicken), samgyetang(ginseng chicken soup), pumpkin porridge, soybean paste stew-any dish that required chopping, she could whip up in no time. It made me question whether I was truly the mother in this household. She certainly hadn't inherited my meticulous but slow-paced cooking style.

Like me, she had spent most of her life between school

and home. Now, that same daughter is balancing a full-time job while preparing the warmest meals. Sometimes, I wonder if I have burdened her too much, just as my college friends once asked, "Is your mom a stepmother? Why does she make you take responsibility for your siblings?" I do reflect on that, but the truth is, she genuinely loves cooking.

While she decides on the menu and cooks with passion, I wash the dishes, making things easier for her. If the seasoning isn't too strong, I shower her with praise. Every meal she prepares, infused with care and an array of nutritious grains, tastes extraordinary. No fine dining restaurant or famous eatery could compare to the joy of these home-cooked meals.

Lately, I often think that nothing in this world comes for free. Perhaps this is my reward for looking after my younger siblings so well during my college years.

Still, I worry. She shows no intention of getting married. Instead, she's completely devoted to her dog, playing the role of a dedicated 'dog mom'. Who will come and cherish this treasure of mine? The thought of a future son-in-law enjoying the warmest meals in the world brings a secret smile to my face.

불독

"돈은 얼마든지 써도 되는데 차 운전하지 말고, 나이트클럽만 가지 마, 약속해 줘"

남편이 해외 출장을 갔다 온 지 얼마 되지 않았을 때였다. 땅을 하나 사느라 시부모님께 돈을 빌려 왔다. 그래서 빚을 갚으려고 차도 팔고 없었다. 그러잖아도 차를 하나 구입하려 했는데, 둘째가 세상이 궁금했는지 예정일이 한참 남았는데 사고를 쳤다. 병원에 가야만 할 것 같아 면소재지의 택시를 불렀다. 얼마를 기다렸을까 한참을 기다리니 자욱한 안개 사이로 택시가 보였다. 택시기사도 안개가 많고 으스스해 그냥 되돌아가려던 참에 불빛 사이로 희미하게 일행이 보였다고 했다. 첫아이를 제왕절개 해서 낳아 둘째도 수술해야만 했다. 분만예정일이 아직 3주나 남았는데 양수가 터지고 하혈을 했다.

아무리 친정엄마한테 전화해도 받지 않았다. 부모님도 안 계신데 너무 불안했다. 그해 장마철 수해가 여기저기 많이 났다. 9월 2일 수술하는 날까지 여름 끝자락의 수해로 전화 연락이 되지 않아 다음 날에 오셨지만 친정 부모님께 도움을 받을 수가 없었다. 92년 9월 1일, 친정아버지의 인사발령이 단양으로 났는데 학교도 수해로 엉망이라며 바로 가버리셨던 것이다. 아버지는 내가 대학교 1학년 때 단양으로 첫 발령을 받으셨고 이번이 두 번째 단양발령이셨다.

대신 대구에 사시는 시어머님이 오셔서 친정집에서 산후조리를 해주셨다. 시어머님께 밥을 얻어먹어서 그런 건지, 아빠 사랑을 듬뿍 받아서 그런 건지, 불독 아기는 먹고 자고, 자고 먹고 너무 순딩순딩했다. 시어머니께서 아기 목욕을 많이 도와주셨다. 하루는 상체부터 씻기고, 또 하루는 하체부터 씻기라며 온갖 사랑과 정성으로 보듬어 주셨다. 모유 수유를 해서 그런지 정말 하루하루가 달랐다.

한 달이 다 되었을 때 온 가족이 함께 모였다. 그런데 불독 아기는 아무도 보려 하지 않고 아기방에는 아무도 들어가지 않아 내심 서운했다.

그때 때맞춰 울음소리가 나서 방에 들어갔더니 "언니! 형부가 무슨 말을 했는지 몰라도 아들이니 불독이라 생각해! 나도 내 아이를 처음 보고 팔에 안겨 줄 때 하도 못 생겨서 기절할 뻔했어!" 했던 둘째 동생이 "어머 어머 어디서 이런 왕자님이 오셨을까" 하며 호들갑을 떨었다.

정말이지 처음 수술하고 모유 수유하러 갔을 땐 못생겨도 너무 못생겼다. 짱구처럼 진짜 불독이란 동생의 말이 딱 맞았다. 그런데 한 달쯤이 되자 볼에 살이 붙고 하더니 세상에 왕자를 데려다 놓은 것처럼 얼마나 예쁜지 온 가족이 놀랐다.

그러던 중 사랑을 독차지하던 4살 된 첫째 딸아이가 이쁘다 이쁘다 하며 얼굴을 한 번씩 만지작거리다가 한순간에 할퀴며 심술을 부렸다. 그럴수록 그런 딸아이를 더 많이 안아주고 보듬어줘도 잊을 만하면 한 번씩 심술을 부렸다. 둘째를 임신했을 때 주민들이 모유 수유할 거냐고 물으면 '딱 100일만 먹일 거예요'라고 했는데 100일 가까이 되었을 때 둘째가 가성콜레라로 설사를 하기 시작해 친정엄마의 도움으로 소아과에서 수액을 맞고 회복되면서 신기하게도 모유가 저절로 나오지 않았다. 첫째는 16개월을 먹였고 젖을 끊을 때 약까지 먹고 젖몸살도 앓고 고생했는데 너무 신기했다.

'젖 말귀 알아듣는다'라는 속담이 저절로 생겨난 게 아닌 것 같았다. 한 가지를 보면 열 가지를 안다고 했던가. 그렇게 둘째 아들은 자라면서 엄마의 말만 잘 듣는 것이 아니라 엄마의 마음을 헤아릴 줄 아는 게 신기하면서 감사하다. 듬직한 불독 아들만 생각하면 내 마음이 따뜻해진다.

Bulldog Baby

"Money is no object, but don't drive the car, and don't go to nightclubs. Promise me."

This was not long after my husband returned from a business trip abroad. He had borrowed money from my in-laws to buy some land, and to pay back the debt, we had to sell the car, so we didn't have one. Just when I was planning to buy a new car, our second child, eager to see the world, decided to make an early appearance, despite the due date being weeks away. I had to rush to the hospital, and since I had no car, I called a taxi from the local town. After what seemed like a long wait, I finally spotted the taxi through the thick fog. The driver, disoriented by the mist, was about to turn back but saw my group in the dim light and decided to continue.

My first child was born by C-section, and I had to have another surgery for the second. Though the due date was still three weeks away, my water broke, and I started bleeding. No matter how many times I called my mother, she didn't answer. With my parents not being there, I felt terribly anxious. That year's monsoon season had caused a lot of flooding, and even on the day of the surgery, September 2nd, communication was cut off due to the aftermath. My parents didn't arrive until the next day. On September 1st, my father had received a transfer to Danyang, and the school he worked at had been destroyed by flooding. He had to leave immediately.

Instead, my mother-in-law from Daegu came to help, and I stayed at my parents' house for my postpartum care. I don't know if it was because my baby had been eating my mother-in-law's food or because he was showered with my husband's love... the 'bulldog baby' ate and slept soundly, always calm and gentle. My mother-in-law helped with the baby's baths—first washing the upper body one day, then the lower body the next, showering him with all her love and care. Thanks to breastfeeding, I could feel each day passing differently.

By the time he was almost a month old, the whole family gathered. But strangely, no one seemed eager to visit the baby's room, which left me feeling a bit disappointed. Just then, a cry came from the room, and when I went in, my younger sister, who had once joked, "I don't know what your husband said, but I thought your son looked like a bulldog," now exclaimed, "Oh my, where did this little prince come from?" It was true. The baby had been so unattractive right after the surgery that it was almost comical—his face was all scrunched up, just like a bulldog. But by the time he was nearing a month old, his cheeks had filled out, and he had transformed into such a beautiful baby that it took everyone by surprise.

Meanwhile, my four-year-old first daughter, who had always been the center of attention, would often pat her brother's face lovingly, but sometimes she would scratch him in a fit of jealousy. The more she acted out, the more I showered her with affection, but she still found reasons to throw little tantrums.

When I was pregnant with my second, I had told people that I would breastfeed only for 100 days. But when the 100-day mark came, my second child got cholera and started having diarrhea. Thanks to my mother's help, he was treated with IV fluids at a pediatric clinic and recovered, and amazingly, my milk stopped producing on its own. I had nursed my first child for 16 months, enduring engorgement and taking medication to wean her off, so this change was nothing short of a miracle.

I guess the saying 'a baby understands the meaning of a mother's words' is true. They say if you know one thing, you know ten. As my second son grew, he didn't just listen well to my words; he could also understand my feelings, which always amazed me. Thinking of my steadfast bulldog son fills my heart with warmth.

엄마, 절대 죽으면 안돼요!

"엄마! 다시는 운전 하지 마! 엄마! 죽으면 안 돼요!"
 초등학교 1학년인 아들은 나를 붙잡고 매일 울면서 나의 가슴을 후벼 팠다. 언제부터인가 난 꿈을 꾸면 해석을 정확하게 하지 못했다. 아침 일찍 친정엄마한테 전화해서 물어보면 무시하라고 괜찮다고 할 때도 있고, 가끔은 야단칠 때도, 가끔은 해석해 줄 때도 있었다.
 꿈에 가족과 친구 가족이 함께 여름휴가를 같이 가기로 했다. 그런데 도로마다 종아리 중간쯤까지 물이 차고 수해가 났다며 다른 길로 돌아가라고 했다. 그래서 이쪽 길로 가면 괜찮다고 해서 가 보면 물이 다리 정강이 중간쯤까지 차고, 저쪽 길로 가면 괜찮다고 해서 가 보면 거기도 마찬가지로 물 천지였다. 여기저기 헤매고 있는데 어떤 분이 공항 가는 도로가 새로 났다며 그쪽으로 가 보라고 했다. 돌고 돌아 공항 가는 길로 들어섰는데 거기도 마찬가지로 도로에 물이 가득 차고 불빛도 전혀 없고 깜깜하기만 했다. 그때가 차를 사고 1년 3개월쯤 되었을 때였다. 주위 사람들이 차를 새로 사고 1년쯤 되었을 때 사고가 가장 많이 난다고 조심하라는 말을 자주 들을 때였다.

때마침 여름방학이라 아이들을 집에 두고 잠깐 출장을 갔다 오다가 겔로퍼와 내 차가 부딪힌 것이다. 내 차는 빙빙 돌아 상대방 차선에 떨어졌고 나는 잠깐 정신을 잃었다. 때마침 지나가던 봉고차 주인이 흰 가운 입은 모습을 보고 봉고차로 제일 가까운 종합병원에 싣고 가는 도중 정신이 들었다. 그 순간에 가장 먼저 든 생각은 상황 보고였다. 상급기관에 전화해서 교통사고 경위를 보고 하고 병원에 도착했다. 상대방 운전자들은 응급실로 찾아와 자기들이 잘못했다고, 미안하다고 절절 매었다. 그때 응급실 수간호사가 선배인 나를 알아보고 단 하루만이라도 입원할 것을 권유해 입원하기로 했다. 그런데 입원한 첫날 밤에 천정이 거꾸로 돌며 어지럽고 울렁거리고 눈을 뜰 수도 없고 눈을 감아도 힘들어서 어찌할 바를 몰랐다.

단 하루만 입원하려던 계획은 산산조각이 나고 일주일 정도 입원 치료가 결정되었다. 그 후에도 호전이 잘되지 않아 3주를 입원하고 퇴원하게 되었다. 이곳 부임지에 온 지 꼭

10년 되었을 때였다. 첫 번째 부부 싸움은 결혼 5년차 때다. 아이들이 장난감을 어질러 놓았다고 남편이 청소하다 말고 걸레통을 바닥에 집어던져, 아이들이 부모에게서 뭘 배우겠냐며 큰소리를 치며 유리 냄비 뚜껑을 나도 집어 던졌다. 두 번째는 상의 한마디 없이 남편의 몰빵 주식투자 때문이었다. 집에 있던 현금과 아파트 판 돈으로 꽃방석 아니 금 방석에 앉혀준다며 모두 주식에 몰빵했다.

내가 이러저러한 꿈을 꾸었다고 두렵다고 해도 핀잔을 주며 투덜거리며 들은 척도 하지 않았다. 그러고 보니 남편과 한 번씩 다툴 때마다 사고가 있었다.

첫 번째 부부싸움 때는 딸아이의 교통사고가 있었고, 두 번째 부부싸움 때는 나의 교통사고가 있었다. 그래서 그 뒤부터는 싸우기 싫어서 싸울 일이 있어도 말을 아끼고 혼자 삭히며 살았다.

혼자 근무하는 근무지를 3주간 비워 둔 사이 주민들의 항의가 계속 이어졌다. 월례회의 때 분명 인사이동 계획이 없다고 했는데 일주일 만에 그 말이 무색하게도 인사발령이 났다. 난 새 부임지인 그곳에 가기 싫었고 억울하다는 생각까지 들었다. 10여 년간 흘린 노력들이 산산이 무너진 느낌마저 들었다. 주민들이 치료를 잘해줘서 너무 고마운데 무얼로

보답을 하나 하면 그때마다 더 열심히 해서 나중에 100평짜리 건물을 지어서 물리치료까지 받을 수 있게 해 드릴 테니까 그때 협조를 잘해 달라며 너스레를 떨며 열심을 더했다. 누가 알아주든, 알아주지 않든 주민들에게 한발 한발 더 다가가 내 부모라면, 내 형제라면 하고 한 번 더 생각하고 일을 했다.

그동안의 노력으로 주민들이 군수와의 대화시간에 군수를 찾아가 새 건물을 지어 달라고 떼를 쓰다시피 해 부지가 겨우겨우 마련되었고, 새로 신축공사를 시작하게 되었는데 지어도 못 보고 단 1년 만이라도 살아보고 떠났으면 하는 아쉬움이 가슴을 절절하게 아리게 했다. 교통사고에 교통사고 누명에 인사발령까지 여태껏 살면서 이런 억울한 경우는 처음이었다. 친정아버지는 내가 근무하던 곳에서 10분 거리에 새 집을 지어 이사를 오고, 거기다 내가 새로 부임하는 곳은 친정아버지가 정년퇴임을 한 지역이었다. 아들의 눈물도 잘 닦아 주어야 하는데 난 눈물 마를 날이 없었다.

그런데 새 부임지에선 매일 알 수 없는 일이 벌어졌다. 자고 일어나면 김치거리가 현관 앞에 놓여져 있고, 자고 일어나면 고춧가루가 한 봉지 놓여져 있고 정말 누가 주인인지도 모르는 야채와 곡식들이 정신을 못 차리게 했다.

엄마나 어른들 말씀처럼 죽으라는 법은 없는 것 같았다. 또 다른 새로운 세상에 내가 와 있었다.

엉망진창이었던 몸과 마음이 점차 회복되었다. 아, 이래서 이곳에 발령이 났구나 싶을 만큼 주민을 대하기도, 일도 수월하여 심신이 회복되어 갔다.

돌이켜보건대 정녕 정이 참 많은 지역에서 내 가슴에 열정의 불을 다시 지피고 새 출발을 하라는 계시였다.

Mom, You Must Never Die!

"Mom! Never drive again! Mom! You must never die!"

My son, who was in first grade, would grab onto me and cry every day, stabbing at my chest with his words. For some reason, whenever I dreamed, I couldn't interpret them clearly. I would call my mother early in the morning to ask for advice, and sometimes she would tell me to ignore it and that everything was fine, other times she would scold me, and occasionally, she would try to help me understand.

In one of my dreams, my family and a family of friends were planning to go on a summer vacation together. But everywhere we turned, the roads were flooded up to the middle of our calves, and we were told to take another route. So, we tried a different way, only to find the water rising up to our shins. We tried another route, and again, it was the same-water everywhere. While wandering, someone told me that there was a new road leading to the airport and suggested I try that. I followed the road to the airport, but there, too, the water filled the road, and there were no lights-only darkness. It was about a year and three months after I had bought the car. I had heard from people that it was during the first year with a new car that accidents were most common, and I needed to be extra cautious.

It was the summer vacation, so I had left the kids at home for a brief business trip, and that was when my car collided with a Gelöfer. My car spun around and landed in the opposite lane, and I lost consciousness for a moment. A passing van driver, seeing me in my white gown, rushed me to the nearest general hospital in the van. I regained consciousness on the way. The first thought that crossed my mind was to report the situation. I called the higher authorities to explain the details of the accident and then informed the hospital upon arrival. The other drivers came to the emergency room and kept apologizing, saying it was their fault. The head nurse, recognizing me as a senior, advised that I stay hospitalized for at least one day, so I decided to admit myself.

But on the first night of my hospitalization, I felt dizzy, nauseous, and as if the ceiling was spinning. It was so difficult to open my eyes, and even closing them was painful, leaving me uncertain of what to do. The plan to stay only for one night shattered, and I was hospitalized for about a week. Even after that, my condition didn't improve quickly, and I ended up staying for three weeks before being discharged. It was precisely ten years since I had started working at that place.

The first serious argument with my husband had been when we were married for five years. The children had scattered their toys, and while cleaning, my husband threw the mop bucket to the floor. And I shouted at him, "What are they going to learn from us?" In response, I threw a glass lid from the cabinet. The second serious argument happened because of my husband's investment in stocks without any prior discussion. He used all the cash we had and the money from selling our apartment to 'sit on a golden cushion,' investing everything in stocks.

Despite my fear of these dreams, my husband would dismiss my concerns, complaining but never really listening. I realized that every time we argued, an accident followed. The first time we fought, our daughter had a car accident, and the second time, I had mine. After that, I chose to keep quiet and bottle up my feelings to avoid further conflicts.

During the three weeks I was away from my workplace, complaints from the residents continued to pile up. At the monthly meeting, I had clearly been told there would be no personnel changes, but a week later, the unexpected happened – I was transferred. I didn't want to go to my new assignment, and I felt a sense of injustice. It felt as though all the effort I had put in over the past ten years had been in vain. I had worked hard to serve the residents and had often joked with them that one day I would build a 100-pyeong facility for physical therapy to repay their kindness.

Despite the lack of recognition, I always approached my work as if they were my own family, treating each task with care and thoughtfulness. Thanks to my efforts, during a conversation with the county mayor, the residents advocated for a new building. Eventually, land was secured, and construction began, but I could only wish I could have seen it through or at least spent a year there before leaving. I had never felt so wronged in my life-between the car accidents, false accusations, and the transfer.

My father, who had recently retired, moved into a new house just 10 minutes from where I worked, and the new assignment I was given was to a place where my father had worked for years. I needed to comfort my son, who was crying, but I couldn't find the time to stop my own tears.

Then, in my new assignment, strange things started

happening every day. I would wake up to find kimchi placed in front of my door, or a bag of chili powder left there. Vegetables and grains, whose owner I didn't know, were left there, leaving me utterly bewildered..

Just as my mother and the elders had said, there is no law that lets a man die. I was in a completely new world. Little by little, my broken body and mind began to heal. I finally realized why I had been sent here. As I interacted with the residents, everything seemed easier, and my spirit slowly recovered.

Looking back, it was surely a divine sign from a place filled with warmth and affection, urging me to rekindle the fire of passion in my heart and embark on a new beginning.

빈자리

평생 한 남자만 바라보고 아빠 바라기였던 우리 엄마. 누가 엄마를 가장 많이 닮았나보니 맏딸인 내가 제일 그렇다.

문학 기행차 제천의 리조트에 왔다. 리조트에서 내려다보는 청풍호의 자태가 뭐라 표현할 수 없이 가슴을 뭉클하게 하며 옛날 초등학교 시절 '공전'이라는 작은 마을에 살던 때가 많이 생각나는 하루다.

충북선 기차역 순서로 제천, 봉양, 그다음이 공전이다. 할아버지가 사셨던 정봉역 지금의 청주역까지 20정거장일 때가 무척 그립다.

공전은 7식구의 추억이 가장 많은 제2의 고향 같은 곳이다. 과거엔 땔감이 귀해 야산으로 가서 손수 소나무의 솔잎을 갈퀴로 긁어 땔감을 마련했다. 아빠랑 엄마랑 동생들과 함께. 냉이, 달래, 고들빼기 등 나물 캐던 일도 머리를 스쳐 지나간다. 산머루, 산딸기를 따 먹던 일이며 썰매와 팽이를 직접 깎

아 만들어 주던 아빠의 모습까지 오버랩 된다

어깨동무 잡지책에 부록으로 실린 모터보트를 만들어 학교 교정 안에 있는 작은 연못에 띄워 본 일, 육성회장 등 손님이 오면 상다리가 휘어지도록 맛있는 음식을 차려 대접하던 일, 손님이 드시고 남은 담금술을 동생들이 몰래 먹고 학교 화장실에서 큰 대大 자로 뻗어서 힘겹게 아빠랑 엄마랑 내가 업어 나른 일 등이 주마등처럼 지나간다. 손님들이 모두 가고 나면 혀가 꼬부라진 소리로 '네 엄마가 최고다'라며 칭찬하고 모든 공을 엄마한테 돌리던 아빠도 무척 보고 싶고 그립다.

'여자는 밖으로 싸돌아다니면 안 된다'는 엄마를 설득하고 어떻게 하면 동생 4명을 교회에 모두 데리고 갈까 궁리하던 꼬마가 이제 환갑이 넘어 이 글을 쓴다.

그래도 그때가 너무너무 행복했다. 엄마가 쌀을 씻으면 돌이 많이 나온다며 쌀을 일어 놓아야만 교회에 갈 수 있다고 했던 일이며, 샘이 귀해 물을 길어다 먹던 일도, 두 여동생을 양쪽에 세워 양동이에 물을 한없이 긷던 일도.

모든 걸 자급자족하며 살던 그곳이 고향처럼 가슴에 사무쳐 2번이나 다녀왔다. 무척 가 보고 싶었지만 너무 늦게 갔다.

모든 것이 그대로였지만 한쪽 모퉁이에 있던 연못이 사라지고 없었다. 추억의 잊지 못할 연못인데 너무 아쉬웠다. 어릴 적 그렇게 컸던 학교운동장이 이제는 바짝 여윈 엄마처럼 너무나 작아 보였다. 사택에 사는 분들이 그래도 반갑게 맞아 주셨다.

동네 속으로 가 보았다. 주민들이 김장하려고 소금에 절인 배추가 작은 산만하다. 자녀들과 나눠 먹으려고 많이 한단다. 갑자기 김치 한번 담그지 않고 퇴직할 때까지 평생 얻어먹은 엄마 김치가 생각났다. 세상에서 가장 맛있는 음식이었다. 그런 사랑이 담긴 김치를 조금이라도 더 가져가려고 다투던 일도 생각나고, 여자는 남편한테 화장 안 한 모습을 보이면 안 된다며 화장을 항상 먼저하고 밥을 짓던 엄마가 오늘따라 보고 싶고 그립고 안기고 싶다.

이제는 치매로 자꾸 한밤중에 집을 나가 어쩔 수 없이 요양원에 모셨지만 그 모습조차도 너무 사랑스럽다. 지난번엔 죽는다며 3일씩이나 밥을 먹지 않아 우리 5남매의 혼쭐을 쏙 빼며 저혈당 쇼크로 응급실에 실려 가기도 하였다. 다행히 일주일 만에 퇴원하게 되어 5남매 걱정을 그나마 덜어주시기도 했다.

사랑하는 엄마!
우리 5남매를 사랑과 정성으로 잘 키워 주셔서 정말 감사합니다. 5남매가 바라는 것은 이 땅에 계시는 날까지 건강했으면 하는 거예요. 어떤 모습이든 괜찮아요. 하늘나라 가기 전까지 언제까지나 우리 5남매 곁에 오래오래 있어 주세요. 아빠를 너무 일찍 하늘나라에 보내서 엄마라도 오래오래 계셔 주길 바래요. 그리고 아직까지 우리 5남매 곁에 계셔 주셔서 감사드려요. 언제나 사랑하는 마음으로 우리 5남매를 길러 주신 엄마한테 이 글을 바칩니다.

 엄마! 사랑해요!

The echo of your absence lingers

My mother who dedicated her entire life to one man – my father. If I were to say who resembles her the most, it would undoubtedly be me.

I came to a resort in Jecheon on a literary excursion. The breathtaking view of Cheongpung Lake from here stirs something deep in my heart, bringing back vivid memories of my childhood in a small village called Gongjeon.

On the Chungbuk Line, the train stops in Jecheon, then Bongyang, and then Gongjeon. I long for the days when it took twenty stations to reach Jeongbong Station – now Cheongju Station – where my grandfather lived.

Gongjeon is like a second hometown, the place where our family of seven created the most memories. Firewood was scarce back then, so we would go up the hills to rake pine needles for fuel. Father, Mother, and all of us siblings together. Picking wild greens like naengi, dalrae, and godeulppaegi also crosses my mind. Memories of picking wild grapes and raspberries, as well as my dad carving and making sleds and tops, overlap in my mind.

I recall making motorboats from the supplementary materials in 'Shoulder-to-Shoulder' magazine and floating them on the small pond in our schoolyard. When guests visited–like the chairman of the school committee – Mother would prepare a feast so grand the table legs seemed about to give out. And I remember how my younger siblings once secretly drank the leftover infused liquor, only to pass out in the school restroom, leaving Father, Mother, and me struggling to carry them home.

After all the guests had left, Father, his tongue thick from drink, would always say, "Your mother is the best," giving her all the credit. I miss him so much.

I was just a little girl back then, trying to convince my mother–who firmly believed that 'a woman shouldn't wander outside' – to let me take all four of my younger siblings to church. Now, that little girl has long passed sixty and is writing these words.

Still, those days were the happiest. I remember my mother would say that a lot of stones would come out when she washed rice, and that I had to set the rice aside before we could go to church. And I remember how we had to fetch water from a well because clean water was scarce, endlessly carrying buckets with my two younger sisters standing beside me.

That place became a home etched in my heart, and I returned twice, unable to let go of it. I had wanted to go back sooner, but it was already too late.

Everything was as it had been, except for one thing – the pond at the corner had disappeared. That irreplaceable pond of my childhood was gone, leaving a deep sense of loss. The schoolyard, which had once seemed vast, now looked so small – like my mother, who had grown frail with time.

The residents of the company housing still remembered

me and greeted me warmly.

As I walked through the village, I saw salted cabbages piled high like small mountains, prepared for making kimchi. Families were making large batches to share with their children. Suddenly, I thought of my mother's kimchi – the kimchi I had eaten all my life without ever making a single batch myself. It was the most delicious food in the world. I remembered how we siblings would argue, each trying to take just a little more for ourselves.

And I remembered my mother, who always insisted that a woman should never let her husband see her bare face, so she would put on makeup before cooking. Today, I miss her terribly – I long to see her, to hold her in my arms.

Now, suffering from dementia, she often wanders out in the middle of the night, and we had no choice but to place her in a nursing home. Even so, she remains as dear to me as ever. Just recently, she refused to eat for three whole days, claiming she was dying, sending all five of us siblings into a panic. In the end, she collapsed from hypoglycemia and had to be rushed to the emergency room. Thankfully, she was discharged after a week, easing our worries for a while.

Dearest Mother,

Thank you for raising the five of us with such love and devotion. All we wish for is your health, for as long as you remain with us. No matter what, you are our mother, and that will never change.

Please stay by our side for as long as you can, until the day you leave for heaven.

We lost Father too soon, and so, at the very least, we want you to stay with us for a long, long time. And above all, thank you–for still being here with us.

I dedicate these words to you, our beloved mother, who raised us with nothing but love.

Mother, we love you.

신근효 수필가의 작품세계

신의 숨결로 세상을 덮다
_선함과 강인함의 대서사시

이철호(소설가, 문학평론가)

 삶이 작가를 어디로 이끌지 알지 못한 채 바라다본 생은 얼마나 동경으로 가득 찼을까. 하지만 파도치는 어둠 속에서 홀로 걸어가는 길 또한 두렵고 떨렸으리라.
 파도를 타지 않으면 파도를 넘을 수 없다. 파도와 싸우려고 기를 쓰는 순간 파도에 부딪혀 나동그라지거나 깊은 바닷속으로 빨려가 허우적거린다. 어떤 이는 그렇게 기를 쓰다가 스스로 꺾여버리기도 하고 한두 번쯤 파도타기에 성공했다가 또 한두 번쯤 나동그라지기도 한다. 하지만 신근효 수필가에 있어 삶의 파도타기는 그렇게 어렵지 않아 보인다. 아니 파도를 타야겠다는 의식조차 없이 파도타기는 너무나 자연스럽다. 파도타기를 즐기는 서퍼처럼 수필가는 어쩌면 삶의 파도타기를 은근히 즐기고 있는지도 모른다. 하지만 그것은 의도하거나 고난과 고행의 길을 통해 훈련된 것 같지 않다. 파도를 찾아 포인트를 찾아다니지도 않는다. 그럼에도 불구하고 신근효 수필가의 글에서는 인생의 파도타기와 기름 부으심 같은 묘한 신비가 녹아들어가 삶을 이어주고 이끌며 목적을 향한 성숙과 완성으로 나아가고 있다. 평범하다면 평범하다 할 수 있는 삶이 이토록 풍요롭고 아름다운 것에 어떤 경외감마저 드는 것이다. 이는 한 사람의 인격과 삶에 섬세하게 작용하고 있는 신의 따사로운 숨결에 흠칫 놀라는 순간은 아닐까.

신근효 수필가의 『세상에서 가장 따뜻한 이불』은 1부 '딱 한 번만' 2부 '천생연분과 닥터지바고' 3부 '엄마의 해당화'로 총 3부로 구성되어 있다. 사단법인 새한국문학회에서 발간하는 격월간 종합문예지 「한국문인」에 연재되었던 보건진료의 경험을 토대로 한 에피소드 '의창야화'에 관련한 것이 1부와 2부이며 3부는 개인적인 삶에 치중하고 있다. 마치 옴니버스식으로 전개되는 각양의 세상사 가운데 수필가는 섬세하게 전문성을 가진 의료인의 직감성으로 탁월한 업적을 성취해 내는 것은 물론 삶의 애환을 따뜻한 시선으로 그려내고 있다. 특별히 '딱 한 번만' '황당한 첫경험' '은행털이' '2000원' '그까짓 거' '빈대떡 신사' 등 보건진료라는 얼핏 딱딱하고 건조하다는 선입견을 지우는 위트 있는 제목을 집어냄으로 독자의 시선을 집중시키며 호기심을 유발한다. 이는 실제로 한편 한편을 재미있게 읽어내려가도록 하는데 이는 세상과 사람에 대한 작가의 따뜻한 마음이 글의 골격을 이루어 글의 후미진 구석까지 온기를 느낄 수 있기 때문이다.

먼저 살펴볼 글은 〈황당한 첫 경험〉이다.

> 심호흡을 하며 내가 침착하게 잘 대처하면 갓난아이와 임산부를 모두 건강하게 살릴 수 있다는 믿음과 사명감뿐이었다.
> … 그리고 한 번도 안 쓴 내가 아끼던 큰 새 타월로 갓난아기를 감싸 몸무게를 달았다. 8개월 만에 낳은 8삭둥이인데도 울음소리도 우렁찬 2.8kg의 건강한 사내아이였다. 우선 아기를 잘 케어해 놓고 나니 산모의 2차 산후 진통이 시작되었다.
> -〈황당한 첫경험〉 중에서

학생 실습 때 관찰한 것, 그리고 직무교육 때 딱 한 번 수간호사님과 함께 실습한 게 전부였던 어린 아가씨가 어찌 이리 당찰 수 있을까. 당황할 시간도 없었다. 갓난아이와 임산부를 모두 건강하게 살릴 수 있었던 것은 '믿음과 사명감'이었다. 이러한 믿음과 사명감은 어디서부터 비롯되었을까. 믿음과 사명감은 침착함과 담대함을 위한 충분조건, 하여 〈황당한 첫경험〉은 작가가 소명으로서 이 일을 받아들이도록 하는 결정적인 계기가 되었다.

　내 생에 처음으로 '분만'이라는 참 잊지 못할 황당한 첫 경험을 하고 나니 이젠 어떤 일도 두려울 게 없어졌다.
　간호대학 가기 싫다고 부모님과 실랑이를 많이 벌였는데 그날만큼은 아이와 산모를 잘 살렸다는 생각에 간호사가 된 것, 그리고 보건진료소장이 되길 참 잘했다는 생각이 들었다.
　-〈황당한 첫 경험〉 중에서

　반면 〈딱 한 번만〉에서는 '딱 한 번만' 진료한 것이 학생의 백혈병을 발견하고 치료할 수 있는 계기가 되었다. 가난한 시골 형편을 잘 아는 작가는 '백혈병 어린이를 도웁시다'라는 대대적인 캠페인을 통해 모금한 돈으로 병원비를 돕는다. 죽어가던 한 생명이 완치되어 전교 회장까지 했을 때 작가의 감격은 어떠한 것이었을까. 하지만 작가는 '따뜻한 마음 조금 나누려 한 것과 희망을 심어주려 한 것이 전부다'고 말한다. 이러한 겸손하고 간절한 마음이 죽어가던 한 아이의 생명과 삶을 꽃피우게 했으니… 따뜻한 마음 조금으로 희망을 심는 일은 참으로 큰일, 위대한 일이다.

이웃분들이 학생의 안부를 자꾸 물으니 궁금하여 내게도 학생을 진료할 수 있는 기회를 딱 한 번 만 달라고 했다. 전화기가 있는 집이 귀하던 시절이라 옆집으로 전화를 해서 학생을 오라고 했다.

십 분 정도를 기다리니 학생이 숨을 헐떡거리며 핏기가 하나도 없는 채로 들어왔다. 뛰어왔냐고 물었더니 아니란다. 어디 아프냐고 했더니 아픈 데는 하나도 없는데, 그냥 걸을 때 숨이 차고 힘이 없고 기운이 없단다.

…

순간 아차! 싶었다. 간호대학생으로 서울 병원에서 실습할 때 휠체어에 앉아 있던 백혈병이라던 그 아이가 생각이 났다. 아니겠지? 정말 아닐 거야!

… 이 일을 계기로 지역 보건진료소장으로서 작은 자긍심이 생겼다. 오늘도 나는 '미래를 위한 계획자로, 교육자로, 설계자로, 안내자로, 예방자로, 치료자'로 거듭나야겠다고 다짐한다.

-〈딱 한 번만〉 중

인생의 고된 신고식을 마치게 되면 담대하게 그리고 조용히 아름다운 마무리를 해야 한다. 다신 심장에 불을 지펴 숨쉬게 할 이유조차 없어진다. 검푸른 바다 속이나 하늘 유리문 속으로 먼 길 우주여행 떠나야 한다. 다만 각자 자신에게 '사느라 고생했어, 정말 수고했어'라고 위로의 말을 건네며 그 마지막이 하나님 집이길 간절히 바랄 뿐이다.

- 〈서원기도〉

〈서원 기도〉에서는 자신이 간암인 줄 알면서도 남겨질 자식들을 위해 치료를 거부하는, 그림자로 살짝 깔린 부모의 사랑이 의외로 마음을 아리게 한다. 어쩌면 서원 기도 후 10여 년이 지난 시점이라 모든 것을 전능자에게 맡긴 선택일지 모르지만 '사랑'이란 죽음마저 의연하게 하는 숭고함을 본다. 작가의 죽음에 대한 사유가 깊어지는 대목이다.

한편 소독에 대한 개념이 없을 때 작가는 간염의 확산을 막기 위해 '자외선 멸균 소독기'를 교회에 기증하기도 한다.

멸균과 비멸균 개념이 의료인 말고는 일반인에게는 거의 인식이 없었던 시대였다. 당시 교회 목사님이 수지침으로 봉사하고 있었는데 침을 맞고 건강이 좋아졌다는 소문에 많은 분이 전국 각지에서 목사님을 찾아오셨다.

지금은 멸균된 일회용 침과 의료용 소모품이 흔하지만 당시엔 상당히 귀했다. 이 기회에 침도 소독을 철저히 하여야 했으며 한편으론 멸균요법에 좋은 교육의 본보기가 되기를 기대하며 '자외선 멸균소독기'를 교회에 한 대 기증했다. - 〈서원기도〉

한편으로는 〈서원 기도〉에서 보이는 부모의 사랑과는 대비되는 남녀의 사랑에서는 얼핏 비정함이 느껴진다. 제목 〈잉꼬부부〉는 그런 점에서 역설적이다.

한 여성분은 참 멋지고 사랑을 많이 받고 사는 게 여실히 보였다. 남편과 무엇이든지 상의하는 게 눈에 띄었다. 정말 보기에도 너무 사이좋고 잉꼬부부라는 게 느껴졌다. 보건진료소에 내소할 때도 남편이 꼭 동행하고, 많이 기다려야 하면 다시 꼭 데리러 와 주었다.
…
그분의 남편은 폐암 치료를 받을 때 무슨 일이든 상담하러 오겠다고 약속하셨다. 갖고 있는 논과 밭을 전부 팔아서라도 부인의 치료를 꼭 성공시켜 행복하게 살겠다는 약속도 함께하셨다. 항암치료를 받을 때마다 상담을 해 오셨다. 1~2차 항암치료가 잘 끝나고 3차 항암치료도 끝나고 4차 항암치료를 할 때였다. 딸기를 출하할 때라 바빠서 항암치료 시기를 미뤘다고 했다. 순간 아차 싶었다.
-〈잉꼬부부〉중

병아리 분변을 치우며 일했던 부부… 어렵고 힘든 시기를 함께했기에 더욱 애틋했을 부부도 '딸기 출하'라는 현실의 문제에서는 마음의 여유가 없었던 것일까. 남편이 얼마나 아내를 잃은 것을 슬퍼했을까, 그 시기를 놓친 것이 얼마나 통한이 되었을까는 별론으로 하고, 그 절체절명의 시기에 부인을 보살피지 않았다는 잔인함이 느껴진다. 이것이 세상사의 모습일까. 하지만 작가는 이때 간접흡연의 무서움을 인식하고 금주 금연 사업에 더욱 박차를 가하게 된다.

    결핵을 앓았는데 분진이 많은 곳에서 일을 한 것만 문제였을까? 45세에 남성도 아닌 여성이 폐암이라니…, 흡연도 하지 않는 분인데 전혀 믿어지지 않았다. 남편의 간접흡연도 한몫했을까? 이때부터 간접흡연도 안 된다며 간염 보균자, 결핵을 앓거나 결핵을 앓은 기왕력이 있는 분에게는 금주 금연 사업에 더욱 동참하도록 열과 성을 다했다.
    -〈잉꼬부부〉 중

    세상이 점점 자기를 사랑하는 시대가 되었다. 물질 앞에서 명예 따위는 대수롭지 않은 것이 되었다. 자신의 이름이 어찌 되든 '소유'를 향해 달려가는 광포의 시대, 오직 자신의 유익만을 구하는 시대가 되었다. 의리나 정의는 마이너의 가치로 추락하고 그 길의 끝에 무엇이 있는지도 모른 채 사람들은 달려가고 있다. 그렇게 달려가는 사람들 속에서 반대 방향으로 나아간다는 것은 거센 물길을 거슬러 가는 것보다 더 어려운 일이다. 마치 거대하게 떨어지는 폭포를 거슬러는 것과 같다.

'선함'이 존대받지 못하던 시대가 있었다. 스파르타식 교육이 성행했던 로마시대 누군가를 향한 동정심을 갖는 사람이 있다면 그는 함량 미달의 불량품이었다. 누군가를 향한 선함은 단순한 연약함으로 취급받았다. 그런 시대 '선함'을 드러낼 수 있을까.

〈선한 사마리아인법〉에서는 많은 사람이 가는 길의 반대 방향으로 서슴없이 걷고 있는 한 사람을 만나게 된다. 그는 자신과 개인적인 이해관계가 없는 사람을 위해서 위험을 무릅쓰고 거센 물줄기를 거슬러 오르고 있다.

그래서 특단의 조치를 취하기로 했다. 언니를 위해 토·일요일도 항시 전화를 대기하기로 했다. 일요일 새벽 전화벨이 일찌감치 울렸다. 배가 너무 아파 밤새 한숨도 못 자고 참을 수가 없다는 거였다. 119가 귀한 시절이라 친정아버지의 자가용 도움을 받기로 했다. 남편이 해외 출장 가고 없어서 내가 아픈 것처럼 하고 산부인과에 도착했다.
...
보호자한테 연락을 취했다. 통화가 안 되어 이장님한테 방송을 부탁했다. 전화 통화를 하고 오니 난리가 났다. 초음파진료를 하고 나오는 도중 우려한 대로 자궁 외 임신이 파열되어 터져 버린 것이다. 거기에다가 응급상황에 대처한다고 서두르다가 모서리 벽에 부딪혀 수액 병이 깨지고 그야말로 환자는 혼수상태로 빠지기 일보 직전에 수술실로 직행했다.…수술 후 소중한 생명을 건진 언니는 평생 이 은혜를 잊지 않겠다고 하며 회복기를 맞이했다. -〈선한 사마리아인법〉 중

하지만 긴급상황이 종결되어 한가로울 때 작가는 문득 자신이 얼마나 위험한 상황 가운데 있었는지 인식하게 된다. 물에 빠진 사람 건져주면 보따리를 내놓아야 할 어처구니없는 상황이 왕왕 있는 법이다.

하지만 난 회의감에 빠져 멍하니 한숨만 자꾸 나왔다. 만약 근무일도 아닌데 휴일에 도와주다가 무슨 일이 일어났다면 어쩔 뻔했나? 천당과 지옥 사이를 몇 번이나 왔다 갔다 해야 했다. 아직도 그 언니만 보면 그때 그 아찔했던 순간이 떠오르며 가슴을 쓸어내린다.
-〈선한 사마리아인법〉 중

결국 자신의 강단 있는 행동이 초래할 수 있었던 위험성에 아연실색한다. 하지만 보통의 경우 근무일도 아닌데 일을 해야 한다면 휴일조차 없다며 불평하지 않았을까. 결국 작가의 성품이 사람들을 도와 생명을 살리는데 적실하게 쓰이는 것에서 오묘한 신의 섭리를 발견하게 된다. 이러한 작가의 성품이 확연하게 드러나고 있는 작품이 〈혼수〉이다.

세상에는 참으로 다양한 사람들이 있다. 똑같은 사건, 사물, 현상을 두고도 우리의 생각은 백인백색이다. 반쯤 물이 담긴 컵을 보고 물이 반이나 있다거나 반밖에 없다는 시선이 삶의 다양한 사건에 투영되었을 때는 얼마나 더 큰 차이를 만들어 낼 것인가. 그 시선의 차이를 만들어 내는 것이 무엇인가는 차지하고, 작가에게서는 폭풍우 속에서도 요동하지 않는 강건함이 있다.

그 후론 단체 미팅이건 뭐 건 그냥 집에 일찍 와서 동생들을 보살폈다. 때론 내가 옳다고 억지도 부려 가면서 동생들 도시락을 5개씩 준비하며 함께 의지하며 학교생활을 해나갔다. 어떤 날은 동생들이 자랑스러웠다. … 하지만 가끔 도시락 반찬 투정할 때는 매우 난감했다.
그런 나를 보며 절친 삼총사 친구들도 의심했다. '너네 엄마 이상하다, 계모가 아니냐'고 조심스럽게 물었다. 하지만 울 엄마는 절대 계모가 아니다. -〈혼수〉 중

작가의 아버지가 벽오지로 발령이 나면서 동생들 넷을 돌보며 학교에 다니는 것은 정말로 쉽지 않은 일이다. 어머니가 돌아가셔서 어쩔 수 없는 경우라면 또 모를까. 그런데도 작가는 어떤 불평도 불만도 없다. 그저 주어진 상황을 어떻

게 돌파할까 생각하며 뚫고 나아간다. 엄마와의 모종의 계약이 있었더라도, 그저 참고 견디는 수준에서가 아니라 동생들을 돌보면서 학업에 집중한다는 것은 결코 만만해 보이지 않는다. 엄마의 보살핌 속에서 곱게 자라왔던 이에게는 어쩌면 더욱 그럴지도 모른다. 아니다. 엄마의 보살핌에서 굳건하게 자라왔기 때문에 환경적인 저항을 쉽게 견디며 나아가는 힘, 파도타기는 자연스럽게 몸에 익혀졌던 것일까.

어쨌든 학교만 다니는 것도 버겁다며 찡찡거릴 수 있는 상황 가운데서도 작가는 거뜬하게 네 명의 동생을 돌보며 공부도 훌륭하게 해내었다.

> 동생들 뒷바라지하고 장학금을 받아가며 졸업할 때 난 12만 원의 장학금과 엄마에게 받은 200만 원의 종자돈이 있어 무척 부자가 된 기분이었다. 무엇이든 '하면 된다'고 생각하고 살았던 것 같다. 지금 돌이켜 생각해 보면 학생들이 민주주의 열망에 사로잡혀 있던 그때에, 나는 가족이라는 울타리를 지켜내기 위해 겁나는 게 없었다. -〈혼수〉 중

어린 나이에도 가족이라는 울타리를 지켜내기 위해 겁나는 게 없었던 작가… 무엇이든 하면 된다는 생각과 합하여

핵융합 같은 엄청난 에너지를 만들어 내지 않았을지. 그렇다. 작가는 아침마다 엄마의 노랫소리를 들으며 긍정적이고 적극적인 삶의 태도를 배웠고 세상에서 누구도 해줄 수 없는 하나밖에 없는 엄마의 음식들로 튼튼하고 건강하게 자라났던 것이다.

아침의 일상은 새소리, 동생의 피아노 소리, 엄마의 노랫소리를 들으며 눈을 비비며 일어났다. 피아노 소리와 엄마 노랫소리를 들으면 무슨 곡인지 몰라도 마음이 평온하고 즐거웠다. 엄마는 밥하거나 빨래할 때 늘 이미자 가수의 노래를 즐겨 부르셨다. 엄마는 어떤 노래든 한두 번만 들으면 음정 박자가 정확했다. 엄마가 행복해 보여서 이런 시간이 참 좋았다.
　-〈엄마의 해당화〉 중에서

친정엄마는 이 세상에 내 입에 딱 맞게 최고의 음식을 마련해주시는 단 한 분뿐인 요리사였다. 평생 직장생활을 할 동안 밑반찬을 챙겨주셨다. 친정아버지는 나의 절대적인 응원자이셨다.
　-〈까치야, 까치야〉 중에서

〈까치야, 까치야〉에서 주목해 볼 또 다른 것은 작가의 심중이 어떠한지를 엿볼 수 있는 대목이다. 리처드 돈킨슨이

'이기적 유전자'에서 말하고자 했던 것은 생존을 위한 전략은 끊임없이 자신을 확대 재생산하는 방식이다. 하지만 작가에게 있어서는 '자신'을 확대 재생산하는 방식이 아니라 '다른 이'의 생명성의 충만을 위한 긍휼과 선함이라는 자기 부정이 존재의 양식을 이루고 있다. 다양한 재능과 성품들로 모자이크화 된 하나의 세계는 신의 숨결로 생동하며 유유한 역사를 이루어 가는데, 작가와 같은 성정의 사람에게 약하고 연약한 이들을 맡겨 돌보도록 하였던 신의 손길은 얼마나 섬세한 것인가.

난 매일 기도했다.
아침마다 빨래를 널 때 "까치야!, 까치야! 이 세상에 나처럼 착하고, 맑고 깨끗하게 살려고 노력하는 사람 봤니?" 하며 애먼 까치에게 푸념을 했다. … 그날 우린 얼마나 순수한 마음으로, 착한 마음으로 기도했는지 모른다. 그 지갑 속엔 일련번호로 연결된 30만 원인 나의 비상금이 그대로였고 남편의 소지품도 모두 그대로 있었다! 우리 부부는 이 일을 계기로 더욱 착하게 살자며 약속했다.
-〈까치야, 까치야〉

부부가 함께 '착하게 살자며' 약속하는 경우가 얼마나 될까. 그 후 지갑을 찾아준 사람을 수소문, 가난한 그의 처지를 보고 예물시계를 선물해 준다.

이토록 순수하고 착한 마음으로 살려는 중심이 없고야 어찌 저승사자와 대면하여 맞짱을 뜰 수 있겠는가. 어쩌면 작가는 거짓 없는 진실한 마음에서 담대함을 얻고 자신의 목숨이 자신 한 사람에 국한되지 않았음을 의식했기에 당당할 수 있었으리라. 한편으론 작가의 '민첩성'에 대해 생각해 보지 않을 수 없다. 저승사자라는 존재를 맞닥트리면 무서워서 어쩔 줄 모를 텐데 작가는 놀랍도록 순발력 있게 행동하고 있다. 이는 삶에 대한 진지함에서 나오는 능동적이며 적극적인 반응의 주체성이다. 온전히 영육이 깨어있는 자만이 홍수에 휩쓸리지 않는 다스림의 차원에 설 수 있다. 혹 그것이 꿈이었다고 말하려는가. 꿈이 무의식의 투영이고 보면 꿈 또한 우리 생의 일부가 아닌가.

그런 면에서 수필 〈꿈의 대화〉는 이야기 자체가 '작가'를 표징하는 상징성으로 가득하다.

생생한 목소리가 들려왔다. 저승사자였다. 나는 무서워 꼼짝할 수 없는 상황에서도 이대로 허망하게 죽을 수 없다며 사정이라도 해봐야겠다고 생각했다.

"이 세상에 저처럼 착하고 열심히 사는 사람 보았나요? 너무 억울합니다. 제가 다른 지역 사람들은 몰라도 내가 맡은 주민들한테만이라도 최선을 다해 착하고 좋은 일 많이 할 테니 제발 나를 살려주세요."

애걸복걸했다. 그랬더니 무섭게 한 발 더 가까이 다가오며,

"에잇 내가 당신 딸도 데려가야 하는데…" 한다. 그건 더 기가 막혔다.

"나를 살려주고 내 딸을 데려가면 나는 살아도 산목숨이 아닙니다. 당신의 그 큰 구둣발로 쓱싹하면 제 딸은 이제 갓 태어난 파릇파릇한 어린 새싹이요, 꽃으로 말하면 봉오리인데 살아보지도 못하고 피어보지도 못하고 이 세상 태어난 흔적도 없이 사라집니다."

… 그랬더니 또 "에잇 씨!" 하더니 저벅저벅 귓가에 또렷한 발자국 소리를 남기며 안방 쪽으로 사라졌다. 순간 아차 싶어 튕겨 나가듯이 뒤를 쫓아 나갔다. -〈꿈의 대화〉

한편 수필 〈세상에 공짜는 없다〉에서 작가는 세상에서 가장 맛있는 밥상을 받고 있다고 고백한다. 저승사자와 담판하여 구해냈던 딸이 차려주는 밥상이다. 그러면서 동생을 돌보았던 때를 즐거이 회고한다. 휘파람이 절로 나지 않겠는가. 힘들었지만 보람 있었던 때, 스스로도 대견했던 시간 … 그래서 작가의 시간은 켜켜한 밀도감 속에 아름답고 풍성한 열매들로 파도치고 있다.

그때부터 딸아이가 김치볶음밥부터 시작해 김치찌개, 냉면, 자장면, 고등어조림, 갈치조림, 찜닭, 닭백숙, 호박죽, 된장찌개 등 칼질만 하면 뚝딱 맛있는 밥상을 대령했다. 내가 엄마가 맞나 싶을 정도였다. 분명 나를 닮진 않은 것 같았다. … 그런 딸이 이제는 세상에서 가장 따뜻한 밥을 차려주며 직장생활을 하고 있다. … 요즈음에는 세상에는 공짜가 없다는 생각이 절로 든다. 대학생 시절 동생들을 잘 돌봐줘서 이런 호사 누리는 걸까 하는 생각이 스쳐 지나기 때문이다.

-〈세상에 공짜는 없다〉

〈세상에서 가장 따뜻한 이불〉은 산후조리를 잘못하여 모든 세상의 바람들이 저자의 무릎으로 들어와 고생한 이야기이다. 그러다가 남편이 무릎을 감싸고 자는 동안 거짓말처럼 곤하게 잠들었다. 하지만 아내의 몸을 감싸고 자는 것이 피곤하다는 이유로 세상에서 가장 따뜻한 이불을 덮을 기회가 많지는 않았다. 어느 정도 나이가 들어서야 아내를 향한 애틋한 마음으로 밤마다 이불을 펼쳐놓아 곤히 잠들 수 있다는 이야기다.

그 이후로 어떤 이불을 덮어도 소용이 없고 환갑이 지난 지금까지 무릎이 시리고 아파서 고생을 하고 있다. … 어떻게 해야 덜 시리고 덜 아픈지 방법도 제대로 알지 못했다. 몇 해가 지났을까? 어느 날 남편의 다리로 감싸주었는데 아프지도 않고 시리지도 않아 밤새 꿀잠을 잤다. 하지만 이런 꿀잠은 오래 가지 않았다. 본인이 숙면하지 못한다며 귀찮아했던 것이다. 그럴 때마다 그런 남편이 야속해 눈물을 삼키며 속상해 한 적도 있었다.

30년 이상 함께 살다 보니 이제야 남편은 아무 말 없이 본인의 다리로 내 무릎을 감싸 주며 세상에서 가장 따뜻한 이불이 되어 준다.
-〈세상에서 가장 따뜻한 이불〉 중에서

수필가의 남편이 수필가에게 세상에서 가장 따뜻한 이불이 되었던 것처럼 춥고 외롭고 아픈 세상 속에서 따뜻한 마음과 시선으로 세상을 덮어주는 수필가야말로 '세상에서 가장 따뜻한 이불'이다. 특별히 육체적인 질병으로 내소하는 지역주민들을 자신의 어머니, 아버지처럼 여기며 진심 어린 사랑의 섬김을 펼쳤던 그리고 펼치고 있는, 깊은 영혼의 작정作定에서 흘러나오는 선함은 의도하지 않을지라도 저절로 주위를 밝히는 빛이 된다. 자기를 사랑하는 시대적 어둠 속에서 그 빛이 더욱 영롱할 것은 물론이다. 하얀 눈이 소복소복 세상을 새하얗게 덮어가는 것처럼 수필가의 마음이 따스이 독자의 마음을 덮으리라 기대한다.

하지만 진료보건 분야뿐 아니라 글로써 더 많은 사람에게 감동과 새로운 삶의 지평을 열기 위한 더 많은 각별한 노력을 부탁한다. 이시형 박사의 '배짱으로 삽시다'나 최신해 '수필선집' 뿐만 아니라 나의 수필집 '경암 이철호 문학작품 선집'은 의사인 수필가들이 쓴 글이다. 이러한 책을 읽으며 섬세한 표현력을 배우며 사고의 반전과 확장에 노력한다면 문인으로서 견고한 위치를 견지할 수 있을 것이다. 자신 속에 있는 재능을 묵혀두는 건 신근효 작가로서의 성정에 어울리지 않는다. 문재(文才)를 갈고 닦아 문명을 떨칠 수 있길 바라는 건 스승의 욕심만은 아닐 것이다.

삶은 얼마나 아름다운 것인가. 사람과 사람을 잇고 사건과 사건을 이어서, 장소와 시간을 뛰어넘어 열매를 맺게 하고 풍성함을 누리게 하는 삶의 신비로움은 수필가가 지니고 있는 성품들로 더욱 깊고 오묘해진다. 씨앗에서 싹을 틔우고 잎이 돋아나 꽃을 피우며 열매를 맺는 과정들에 작용하는 힘이 무엇인지 우리는 알지 못하지만 이 세계 안에는 그러한 신비로움이 가득하여 아름다운 숲을 이루며 살아가게 한다.

신근효

〈한국문인〉 수필 등단
소월문학진흥회 회장
사단법인 새한국문학회 회원
전국김소월백일장 산문 부문 장원(제19회)
사회복지학과 석사
충북 청주시 보건진료소장으로 정년퇴임(38년)

영역 강신옥

시인
새한국문학회 편집부주간
현대계간문학 편집국장, 선우미디어 부장 역임
한국문인상 번역 부문 수상